AGATHON DE POTTER.

LA

LOGIQUE.

C'est moins la logique qui manque aux hommes,
que la source de la logique.

VOLTAIRE.

EN VENTE CHEZ L'AUTEUR :

BRUXELLES, RUE DES DEUX-ÉGLISES, 21.

1866.

LA

LOGIQUE.

Depuis que l'examen est devenu incompressible ; depuis que la force peut seule décider entre les opinions ; il faut, en organisation sociale, parler comme on doit parler en mathématiques : démontrer, ou se taire .
COLINS.

Bruxelles. — Imp. de CB. LELONG, rue de Commerce, 27.

AGATHON DE POTTER.

LA

LOGIQUE.

C'est moins la logique qui manque aux hommes,
que la source de la logique.

VOLTAIRE.

EN VENTE CHEZ L'AUTEUR :

BRUXELLES, RUE DES DEUX-ÉGLISES, 34.

1866.

PRÉFACE.

— — —

« Si quelqu'un, a dit Leibnitz, voulait écrire
« en mathématicien dans la métaphysique ou
« dans la morale, rien ne l'empêcherait de le
« faire avec rigueur. Quelques-uns en ont fait
« profession, et nous ont promis des démons-
« trations mathématiques, hors des mathéma-
« tiques, mais il est fort rare qu'on y ait réussi.
« C'est, je crois, qu'on s'est dégoûté de la peine
« qu'il fallait prendre pour un petit nombre de
« lecteurs, où l'on pouvait demander comme
« chez Perse : *Quis leget hœc?* et répondre:
« *Vel duo, vel nemo.* Je crois pourtant que si on
« l'entreprenait comme il faut on n'aurait point
« sujet à s'en repentir, et j'ai été tenté de l'es-
« sayer. »
Nous nous proposons, dans le travail qui va
suivre, de donner, non pas tant des démonstra-
tions mathématiques hors des mathématiques,
comme le demandait Leibnitz, que le moyen d'en
faire, c'est-à-dire de raisonner en métaphysique,

en morale, en religion, en philosophie, en science
sociale en un mot, avec autant de rigueur et plus
de certitude que dans la science mathématique.

Il est probable que, de quelque temps encore,
nous ne serons lu que par l'infime minorité
dont parlait Leibnitz. Mais, pour nous qui rem-
plissons un devoir en soumettant à l'examen le
fruit de nos études, une considération de cette
nature ne peut nous arrêter. Nous pensons d'ailleurs qu'un jour viendra où la situation de la
société sera telle, qu'il faudra bien reconnaître
que son organisation doit être basée sur une
démonstration, non sur une croyance. Ce jour-là,
nos lecteurs augmenteront.

Nous diviserons notre travail sur la logique en
trois chapitres, en nous basant sur les principes
suivants.

D'abord, il faut évidemment savoir de quoi
l'on parle, ou donner un sens clair, distinct et
non absurde à chacune des expressions dont on
se sert dans le raisonnement. En un mot, il faut
qu'à chaque expression corresponde sa *définition*.

Ensuite, une fois que les idées sur lesquelles
on veut travailler sont bien circonscrites, et possèdent une valeur commune aux interlocuteurs,
il faut, en partant d'un point commun, les en-
chaîner suivant certaines règles, pour que la conclusion leur soit également commune. C'est ce
qui constitue la question du *mécanisme du raisonnement*.

Enfin, le problème de la *certitude*, de la *réalité*

du raisonnement, ou de l'existence réelle de ce dont on a l'idée par la conclusion du raisonnement, formera encore l'objet d'une étude particulière.

Plus tard, dans une publication qui complétera en quelque sorte celle-ci, nous nous occuperons spécialement de la *connaissance de la vérité.*

LA·LOGIQUE.

CHAPITRE PREMIER.

Les définitions.

§ I. NÉCESSITÉ DE L'EXACTITUDE DES DÉFINITIONS (*).

1. Supposons que l'on entre dans l'officine d'un pharmacien, renfermant toutes les préparations dont on peut avoir besoin. Supposons de plus qu'il ne manque à l'arrangement de cette officine que des étiquettes sur les flacons et sur les tiroirs, ou que les étiquettes soient placées au hasard, sans aucun égard au contenu qu'elles devraient indiquer. Le pharmacien pourra-t-il tirer partie des richesses qu'il possède? Sera-t-il capable de donner exactement ce qui lui sera demandé? Ne s'exposera-t-il pas à livrer un poison à la place d'un composé qui devait sauver la vie au malade? Son magasin, avec tout ce qu'il ren-

---

(*) Dans tout le cours de cet ouvrage, les chiffres entre parenthèses renvoient aux alinéas.

ferme, ne lui sera-t-il pas de la plus parfaite inutilité? Disons mieux, ne formera-t-il pas entre ses mains un instrument plein de dangers?

Il n'est personne qui ne réponde affirmativement à cette question.

2. Il y a eu de par le monde, et il y a encore des philosophes, des économistes, des socialistes de la façon de ce pharmacien. De même que celui-ci oubliait ses étiquettes ou les plaçait mal, ceux-là ne définissent point ou définissent mal leurs expressions. Or, quel moyen de raisonner juste avec des mots dont la signification n'est pas rigoureusement déterminée? Aussi, comme le pharmacien empoisonnait ses clients, les philosophes empoisonnent leurs lecteurs, avec cette aggravation que l'empoisonnement des lecteurs se propage et nuit à la société tout entière.

3. Nous voulons mettre le monde en garde contre cet empoisonnement social en lui montrant d'abord qu'il y a la plus grande analogie entre la tête d'un de ces philosophes et l'officine mal tenue d'un pharmacien.

Nous voulons ensuite faire comprendre que, pour se servir utilement d'une expression, il faut qu'elle ait une valeur claire et non absurde; qu'il faut que chaque idée ait une expression qui lui corresponde parfaitement, et que chaque expression ait une valeur propre.

§ II. QU'EST-CE QUE LA DÉFINITION?

4. Et d'abord, ne faut-il pas commencer par ir la définition?

Nous allons préalablement montrer, par un exemple tiré des mathématiques, ce qu'est une définition. L'explication que nous donnerons ensuite de ce mot en sera d'autant plus simple et plus aisée à comprendre.

5. Nous avons l'idée générale d'une ligne. Nous distinguons, parmi toutes les différentes lignes qui peuvent exister, une espèce particulière dont tous les points se trouvent à égale distance d'un point donné. Si, chaque fois que nous voulons parler de cette espèce de ligne, nous étions obligé de dire : *la ligne dont tous les points sont à égale distance d'un point donné*, le raisonnement dans lequel nous ferions entrer cette idée, finirait par devenir incompréhensible à force de longueur, de complication et d'ennui. Mais si, à la place de cette phrase, nous mettons l'expression *circonférence*, notre raisonnement, par ce seul artifice, va devenir d'une simplicité, d'une clarté et d'une rapidité remarquables, tout en ne changeant pas, au fond, de valeur.

6. Dans l'exemple que nous venons de citer, il y a deux choses en corrélation : l'une, le mot de *circonférence*, l'autre la valeur de ce mot, c'est-à-dire, *une ligne dont tous les points se trouvent placés à égale distance d'un point donné*. Eh bien, la proposition par laquelle on indique cette espèce particulière de ligne est une *définition*, et l'expression qui la remplace est le *défini*.

7. Une définition est donc la proposition par laquelle on fait connaître la valeur que l'on attache à telle ou telle expression.

8. Pascal a parfaitement indiqué ce que l'on doit entendre par les définitions, en même temps qu'il en a expliqué l'utilité et le but. Ecoutons-le, et remarquons que ce qu'il dit des définitions géométriques doit s'appliquer, en tout, à celles dont on peut faire usage en philosophie, en économie politique, en science sociale enfin.

— « On ne reconnaît en géométrie, dit-il, que les seules définitions que les logiciens appellent définitions de nom, c'est-à-dire que les seules impositions de nom aux choses qu'on a clairement désignées en termes parfaitement connus ; et je ne parle que de celles-là seulement. Leur utilité et leur usage est d'éclaircir et d'abréger le discours, en exprimant par le seul nom qu'on impose ce qui ne pourrait se dire qu'en plusieurs termes ; en sorte néanmoins que le nom imposé demeure dénué de tout autre sens, s'il en a, pour n'avoir plus que celui auquel on le destine uniquement. En voici un exemple. Si l'on a besoin de distinguer dans les nombres ceux qui sont divisibles en deux également d'avec ceux qui ne le sont pas, pour éviter de répéter souvent cette condition, on lui donne un nom en cette sorte : j'appelle tout nombre divisible en deux également nombre pair. Voilà une définition géométrique : parce qu'après avoir clairement désigné une chose, savoir tout nombre divisible en deux également, on lui donne un nom que l'on destitue de tout autre sens, s'il en a, pour lui donner celui de la chose désignée. D'où il paraît que les définitions sont très-libres, et qu'elles ne sont jamais sujettes à être contredites, car il n'y a rien de plus permis que de donner à une chose qu'on a clairement désignée un nom tel qu'on voudra. Il faut seulement prendre garde qu'on n'abuse de la liberté qu'on a d'imposer des noms, en donnant le même à deux choses différentes. »

— Ce dernier conseil de Pascal est d'une importance extrême. On verra plus loin que son inobservation est la source d'une classe nombreuse de sophismes.

§ III. Mécanisme des définitions.

9. Nous avons vu ce qu'est une définition (7) ; examinons comment il faut s'y prendre pour en faire qui puissent faciliter le raisonnement, et non y introduire des éléments de trouble.

10. Pour constituer une définition, il faut d'abord préciser, déterminer, circonscrire l'idée dont on veut s'occuper, en la distinguant de toutes celles qui l'entourent. L'idée circonscrite, c'est la définition. Il faut ensuite imposer à cette définition un nom qui lui appartienne désormais, à elle seule. Ce nom, c'est le défini (6).

11. Condorcet avait déjà indiqué la marche à suivre pour arriver à ce but.

— « Une des premières bases de toute bonne philosophie, a-t-il dit, est de former pour chaque science une langue exacte et précise, où chaque signe représente une idée bien déterminée, bien circonscrite, et de parvenir à bien déterminer, bien circonscrire les idées par une analyse rigoureuse (¹). »

12. — Il est curieux de voir ici Condorcet donner des conseils pour bien raisonner, et ne pas les suivre. On nous permettra de relever les erreurs de raisonnement contenues dans le passage cité; cette critique ne sera pas déplacée dans un travail sur la logique.

Condorcet parle de TOUTE *bonne philosophie.* Il y en a donc *plusieurs?* Comment cela est-il possible? Plusieurs bonnes philosophies, qui seraient d'accord entr'elles, n'en feraient en réalité

(¹) Voyez *Revue trimestrielle,* t. XXIV, p. 182.

qu'*une*, au fond. Et si elles se contredisent, comment peuvent-elles chacune prétendre au titre de *bonne?*

On pourrait peut-être en dire autant à propos de *chaque* science, si l'on ne pouvait supposer que Condorcet a voulu parler des sciences physiques et mathématiques.

Toujours est-il que la conclusion de notre critique, c'est que Condorcet aurait dû écrire : LA *bonne philosophie.*

13. Après cela, il semblerait superflu d'entrer dans des détails fort minutieux. Nous le ferons cependant, car, pour les avoir négligés, des hommes très distingués ont soutenu les sophismes les plus absurdes.

14. En premier lieu, il faut opérer une distinction parfaite entre l'idée que l'on veut définir et celles dont on n'a pas besoin.

15. En second lieu, il faut éviter, avec le plus grand soin, d'imposer à deux idées différentes la même expression pour les désigner.

16. Et en troisième lieu, il importe de ne pas donner deux noms différents à la même idée; bien entendu si l'un de ces noms était déjà utilisé ailleurs.

Le tout sous peine de fausser le raisonnement dans lequel entrerait l'expression traductrice de l'idée.

§ IV. Nécessité de l'observation de ces trois règles pour constituer une bonne définition.

17. Pour qu'une définition puisse être utile,

au lieu d'induire en erreur celui qui l'emploie, elle doit réunir les conditions indiquées par les trois règles que nous venons de signaler (14 à 16).

Nous allons le montrer par des exemples pris dans les sciences mathématiques.

18. Ainsi, en ce qui regarde la première règle (14), qui commande de bien circonscrire l'idée à nommer, ne serait-il pas dangereux pour l'exactitude du raisonnement de donner le nom de *dix* à l'idée qui représente la somme de *plus ou moins dix unités?* Évidemment. Ainsi encore, si on donnait le nom de *nombre pair* à tous les nombres qui sont *à peu près divisibles par deux*, on n'arriverait qu'à des conclusions absurdes, en faisant entrer dans un raisonnement une expression aussi indéterminée. Les mathématiciens n'ont pas agi avec cette légèreté. Ils ont, dans l'idée générale de nombre, circonscrit une espèce particulière, caractérisée parfaitement et distinguée par cette propriété d'être divisible en deux parties égales; et ils ont donné un nom à cette idée.

19. La nécessité de se conformer à la seconde et à la troisième règle (15 et 16), — qui consistent à donner à chaque idée un nom qui lui appartienne en propre, — est tellement évidente, qu'il pourrait paraître complétement inutile de s'y appesantir, si, comme nous l'avons déjà dit, des esprits d'ailleurs remarquables n'avaient très-fréquemment été coupables de sophismes, tout simplement par suite de leur inobservation.

Par exemple, il est clair qu'un mathématicien qui donnerait le même nom au cercle et au carré, ne pourrait parvenir à démontrer aucun théorème en géométrie; de même que celui qui appellerait *trois*, la somme de *trois* unités, et celle de *quatre* unités.

Il est également clair que celui qui nommerait une *surface limitée par trois lignes droites*, en même temps *triangle* et *carré*, n'arriverait pas davantage à la vérité géométrique.

Car, dans ces deux cas que nous supposons, il y aurait soit imposition d'un même nom à deux idées différentes, soit imposition de deux noms distincts à une seule et même idée; ce qui serait évidemment une source intarissable de mauvais raisonnements.

§ V. Moyen de vérifier si une définition est bonne.

20. Le défini étant tout simplement le nom que l'on est convenu de donner à telle ou telle idée bien déterminée, le moyen le plus simple, le seul moyen même de pouvoir vérifier si la définition est bien faite, si le nom que l'on a donné à l'idée lui est bien spécial, c'est de remplacer partout, dans le raisonnement que l'on désire examiner, le défini par la définition. Pour peu que l'on ait erré dans la circonscription de l'idée, ou qu'on lui ait imposé une appellation qui appartienne en même temps à une autre idée, on s'en aperçoit immédiatement.

21. Pascal a insisté sur ce conseil, surtout à propos de ce dernier défaut de logique.

— « Si l'on tombe dans ce vice, dit-il, on peut lui opposer remède très-sûr et très-infaillible : c'est de substituer men-

talement la définition à la place du défini, et d'avoir toujours
la définition si présente, que toutes les fois qu'on parle, par
exemple, de nombre pair, on entende précisément que c'est
celui qui est divisible en deux parties égales, et que ces deux
choses soient tellement jointes et inséparables dans la pensée,
qu'aussitôt que le discours en exprime l'une, l'esprit y
attache immédiatement l'autre. Car les géomètres et tous
ceux qui agissent méthodiquement, n'imposent des noms aux
choses que pour abréger le discours, et non pour diminuer
ou changer l'idée des choses dont ils discourent. Et ils prétendent que l'esprit supplée toujours la définition entière aux
termes courts, qu'ils n'emploie que pour éviter la confusion
que la multitude des paroles apporte. Rien n'éloigne plus
promptement et plus puissamment les surprises captieuses
des sophistes que cette méthode, qu'il faut toujours avoir
présente, et qui suffit seule pour bannir toutes sortes de diffi-
cultés et d'équivoques. »

22. — Appliquons cette méthode à quelques
propositions avancées par des auteurs.

— « Les *législateurs* les plus dignes de ce titre auguste,
a écrit Garat dans ses mémoires, sont ceux qui reconnaissent
la vérité pour *législatrice* du monde. »

— La phrase de Garat, traduite en bon fran-
çais, nous voulons dire en langage clair, signifie :
   « Les législateurs les plus dignes de ce nom,
« sont ceux qui reconnaissent n'avoir pas le droit
« de le porter, puisque c'est à la vérité seule
« à prescrire les lois. »
Évidemment, Garat a ici fort mal raisonné.
Eh bien, la substitution au mot législateur, du
sens de cette expression, va vous faire découvrir
la source de son sophisme.

23. *Législateur* signifie : *qui prescrit la règle,
les lois*. Or, Garat a donné le même nom de législateur à deux idées fort différentes : l'une, celle
d'un homme, d'une personne, faisant la loi, et
l'autre, celle de la vérité, de la raison, prescri-

vant la règle. Ces deux idées sont très-faciles à caractériser par la considération que le législateur, dans le premier cas, est personnel, tandis que, dans le second, il est impersonnel, puisqu'il est question de la vérité.

On comprend aisément qu'en agissant ainsi, Garat ne pouvait pas faire autrement que de dire une sottise.

24. C'est ce qui est arrivé à Proudhon, et par la même cause.

— « Si l'homme, dit-il, n'obéit plus parce que le roi commande, mais parce que le roi prouve, on peut affirmer que désormais il ne reconnaît plus aucune autorité. »

25. — Examinons cette proposition en nous servant du procédé conseillé par Pascal.

Il s'agit ici du sens d'obéir. Or, qu'est-ce qu'*obéir*? C'est *conformer ses actes à ce que l'autorité prescrit*, c'est *faire ce que le souverain exige*, c'est *reconnaître l'autorité*. Substituons cette valeur au mot employé par Proudhon et nous aurons :

« Si l'homme agit conformément à ce que
« prescrit l'autorité, non parce qu'elle commande,
« mais bien parce qu'elle prouve que telle chose
« doit être exécutée, on peut affirmer que désor-
« mais il n'agit plus conformément aux pres-
« criptions de l'autorité. »

La proposition de Proudhon, ainsi traduite, n'a plus évidemment aucun sens. Et pourquoi? Parce que notre auteur a donné le même nom d'obéissance à deux idées pour ainsi dire opposées.

26. Expliquons la chose.

L'obéissance, avons-nous dit, c'est le fait de conformer ses actions à ce qu'ordonne l'autorité. Si donc il y a plusieurs espèces d'autorité, il est clair qu'il y aura nécessairement autant d'espèces correspondantes d'obéissance.

27. Mais y a-t-il plus d'une espèce d'autorité? Oui, et Proudhon le reconnaît avec nous. En effet, parlant de la monarchie et de la démocratie, il fait les réflexions suivantes.

— « C'est toujours la souveraineté de l'homme mise à la place de la souveraineté de la loi, la souveraineté de la volonté mise à la place de la souveraineté de la raison. »

— Il doit donc exister l'obéissance aux ordres de tel ou tel homme, et l'obéissance aux ordres de la raison, ce qui constitue bien deux espèces fort distinctes.

Nous ne concevrions pas, en effet, qu'il fût possible de nier que se soumettre à une démonstration est aussi une manière d'obéir. Proudhon n'obéissait-il pas à la raison quand il disait que deux et deux font quatre?

28. Pour terminer cette étude sur la manière de vérifier si les définitions sont bonnes, nous examinerons encore une proposition de Proudhon, en raison de la célébrité dont elle a joui.

— « La propriété, a-t-il dit, c'est le vol. »

— Généralement, on avait compris cette proposition de la manière la plus simple. Eh bien, l'on s'est trompé; Proudhon a voulu dire que la propriété est chose sacrée. Pour le prouver, voyons quelle est sa définition du mot *pro-priété*.

— « M. Blanqui, dit-il, reconnaît qu'il y a dans la propriété une foule d'abus, et d'odieux abus ; de mon côté, j'appelle exclusivement *propriété*, la somme de ces abus. »

— Substituons, toujours suivant le conseil de Pascal, cette définition au défini employé par Proudhon, et nous obtiendrons le résultat suivant:

« La somme des abus de la propriété, c'est « le vol. »

Ce qui signifie bien que la propriété, dont on n'abuse pas, est chose respectable et sacrée.

§ VI. Des définitions renfermant l'absurde.

29. Nous n'avions pas encore parlé de ce genre particulier de définition pour les raisons que nous allons dire.

30. Une définition considérée en elle-même est toujours bonne, même en renfermant l'absurde, du moment qu'elle est claire, et qu'elle n'est pas traduite par une expression qui lui soit commune avec d'autres idées.

31. Mais une définition, dès qu'on a l'intention de l'utiliser dans un raisonnement, ne doit plus contenir aucune idée absurde, au moins sans que l'on en soit averti, et cela sous peine d'enlever toute valeur logique à la démonstration dans laquelle elle se trouverait employée.

32. Développons ce que nous venons d'avancer.

Il est parfaitement permis de donner un nom à l'idée d'un bâton à un bout, à celle de la tri-

nité, ou à celle de la religion naturelle, et, pourvu
que ces idées soient bien circonscrites, et que
les expressions qui les désignent n'aient pas déjà
servi à indiquer autre chose, les définitions seront bonnes.

Mais si on allait employer ces expressions,
sans prévenir que leur valeur renferme l'absurde,
il est clair que le raisonnement dans lequel elles
seraient comprises se trouverait frappé d'un vice
radical.

Par exemple, l'on sait qu'un triangle est une
figure terminée par trois lignes droites, et qu'un
des côtés est toujours plus petit que la somme
des deux autres. Eh bien, si un géomètre, après
avoir conçu l'idée d'un triangle dans lequel un
des côtés serait plus grand que la somme des
deux autres, lui imposait un nom, et s'avisait
d'introduire une pareille expression dans un raisonnement mathématique, nul doute que la conclusion n'en fût d'une absurdité complète.

Il en est absolument de même en science
sociale.

33. Ainsi, *création* signifiant *production de
quelque chose au moyen du néant*, tout raisonnement qui renferme cette expression est absurde
et de nulle valeur par cela même. La définition
de création est, en effet, claire, distincte, mais
contient l'absurde.

34. On peut en dire autant de l'expression
immortalité, signifiant: *ce qui a commencé, mais
ne finira pas*. Car ce qui a commencé étant
nécessairement composé de parties, doit nécessairement aussi avoir une durée et une fin.

2

Immortalité est donc un mot qui a une valeur claire, distincte, mais absurde.

35. Nous pourrions multiplier les exemples de ce genre de définitions, mais nous en rencontrerons un grand nombre dans la suite de ce travail. Leur examen sera beaucoup mieux à sa place quand nous critiquerons quelques mauvaises définitions.

Nous ne résistons pas cependant au désir de donner ici la proposition suivante de M. Cousin, qui peut servir de modèle comme définition absurde.

— « Le Dieu de la conscience n'est pas un Dieu abstrait,... c'est un Dieu à la fois vrai et réel, à la fois substance et cause, toujours substance et toujours cause, n'étant substance qu'en tant que cause, et cause qu'en tant que substance, c'est-à-dire étant cause absolue, un et plusieurs, éternité et temps, espace et nombre, essence et vie, indivisibilité et totalité, principe, fin et milieu, au sommet de l'être et à son plus humble degré, infini et fini tout ensemble, triple enfin, c'est-à-dire à la fois Dieu, nature et humanité. »

— Nous croirions faire injure à nos lecteurs, si nous insistions sur les incompatibilités d'idées qui fourmillent dans cette proposition. Au lieu de perdre notre temps à discuter ce galimathias philosophique, nous préférons continuer immédiatement notre étude sur les définitions.

§ VII. QUELQUES EXEMPLES DE BONNES DÉFINITIONS.

36. Actuellement que nous avons expliqué ce qu'il faut faire pour arriver à établir une définition utile, nous allons passer à la pratique et donner quelques exemples.

Commençons d'abord par les idées les plus simples.

37. Qu'est-ce qui existe dans le monde, dans tous les mondes possibles ?

Exclusivement deux choses : la sensibilité et la modification de cette sensibilité.

A quoi se réduit nécessairement tout ce sur quoi l'on peut raisonner?

A ces deux choses exclusivement : la sensibilité et sa modification. Car il n'y en a pas de troisième qui soit concevable.

Rien n'existe pour nous, en effet, que si nous en avons conscience, que si notre sensibilité en est affectée.

38. Ainsi, voilà deux idées, sensibilité et modificateur de la sensibilité, qui *paraissent* tout d'abord bien distinctes.

— Mais, va-t-on nous faire remarquer, pourquoi dites-vous que ces idées *paraissent* distinctes? Ne le sont-elles donc pas ? *

— C'est précisément là que gît la question, toute la question, comme nous le verrons dans la suite.

Si, en effet, l'être qui sent est de la même nature que ce qui l'impressionne, il n'y a plus là deux idées qui diffèrent fondamentalement.

Tandis que si la sensibilité est d'une nature absolument opposée à celle de ce qui l'affecte, alors il y a là deux idées réellement opposées.

39. Quoi qu'il en soit et pour ne pas préjuger une question qui ne sera résolue que plus loin, nous devons rester dans le doute, et considérer, en attendant, ces deux idées comme distinctes.

Ainsi nous avons : d'une part, l'idée de sensibilité, et de l'autre, celle de tout ce qui peut modifier cette sensibilité.

40. Laissons là la première idée dont nous n'avons pas besoin pour le moment, et occupons-nous seulement de la seconde.

Voilà donc une idée bien déterminée, parfaitement circonscrite, ne pouvant être confondue avec aucune autre; c'est celle de tout ce qui peut nous faire sentir de telle ou telle manière.

Il est évident que si, chaque fois que nous avons l'intention de raisonner sur cette idée, nous devions répéter la phrase : *tout ce qui peut modifier la sensibilité*, le raisonnement ne tarderait pas à devenir interminable et obscur par lassitude.

Mais si, au lieu de cette phrase, nous mettons l'expression *matière*, la marche du raisonnement va devenir aussitôt plus rapide et plus claire, sans que cependant il change le moins du monde de valeur par cette substitution.

41. En résumé, la circonscription de l'idée : *tout ce qui modifie la sensibilité*, et l'imposition à cette idée du nom de *matière*, forment une bonne définition, parce que l'idée est nettement circonscrite, est bien distincte de toute autre idée et ne renferme rien d'absurde; et parce que le mot de matière lui appartient exclusivement.

42. Donnons un nouvel exemple de définition.

Nous sommes modifiés par n'importe quoi, de n'importe quelle manière. Pour pouvoir raisonner sur cette modification, nous en prenons la cause à part, nous la considérons, abstraction faite de tout ce qui l'entoure, comme une chose momentanément indivisible. Eh bien, l'idée de cette chose regardée comme indivisible, comme unité, appelons-la *être*.

Voilà une bonne définition, puisque l'idée est bien circonscrite, et qu'elle possède un nom à elle seule.

43. Maintenant, qu'est-ce qui nous empêcherait de voir s'il n'y aurait pas de nouvelles idées à circonscrire dans l'idée générale d'être? Rien, évidemment. Loin de là, ce pourrait avoir même un certain degré d'utilité.

Examinons donc cette question.

44. Il y a évidemment des êtres qui ont un commencement, une durée, et une fin, qui sont temporels.

Mais y a-t-il des êtres qui n'ont ni commencement ni fin, qui sont éternels?

Nous n'en savons jusqu'ici absolument rien. Seulement, tant qu'il n'est pas démontré absurde ou impossible qu'il y en ait, il faut, sous peine de résoudre la question par la question, en tenir compte dans le raisonnement.

45. Voilà donc un principe de division à établir dans l'idée générale d'être, selon qu'il est temporel ou éternel; les deux idées qui résultent de cette division sont parfaitement déterminées et circonscrites, et ne renferment rien d'absurde.

Ces deux définitions ainsi établies, nous pouvons appeler l'être temporel ou celui qui a un commencement et puis finit, *être* APPARENT, OU *apparence,* et l'être qui n'a ni commencement ni fin, *être* RÉEL, ou *réalité.*

46. Notons en passant que l'expression *apparence* traduit fort bien, étymologiquement, celle d'être temporel. En effet, apparence, ce qui apparaît, ce qui n'existe pas toujours, qui a commencé et qui finira, voilà tous termes de même valeur.

47. Le mot *phénomène,* tiré du grec, a exactement la même signification que celui d'apparence.

48. Mais nous pouvons subdiviser l'idée générale d'être en nous basant sur un autre principe que celui dont nous nous sommes servis plus haut. Ainsi, il y a évidemment des êtres qui ne sont unités, qui ne sont indivisibles, que parce que nous les considérons comme tels. Mais, est-il impossible, est-il absurde qu'il en existe de réellement uns? Non, jusqu'à preuve du contraire. Admettre cette impossibilité avant qu'elle ne soit démontrée, serait user de l'espèce de raisonnement trop facile qui consiste à affirmer au lieu de prouver. On doit donc, provisoirement, faire comme s'il existait des êtres indivisibles, quitte à vérifier plus tard s'il y en a réellement.

49. Nous avons donc encore ici deux idées parfaitement circonscrites, fort claires, et ne renfermant rien d'absurde, et nous pouvons leur imposer des noms pour les distinguer : par exemple, celui d'être simple, indivisible ou d'unité, et celui d'être composé ou divisible.

50. Ce qu'il y a de remarquable, c'est que les deux bases de division de l'idée générale d'être

sont en corrélation parfaite. Ainsi, une réalité est la même chose qu'un être indivisible, et une apparence est identique à un être divisible. Nous verrons mieux cela dans la suite de ce travail.

51. La circonscription des idées exige quelquefois une analyse fort minutieuse et fort longue. Un dernier exemple de définition va nous le montrer.

Tous les hommes sont frères, dit-on souvent.

Cette proposition, toute simple qu'elle paraisse être, renferme deux mots qui, pour pouvoir être déterminés réellement, exigent la solution de la question sociale tout entière.

Ces mots sont : *homme*, et *fraternité*.

52. D'abord, l'expression fraternité est évidemment prise ici au figuré, le sens propre signifiant exclusivement fils du même père ou de la même mère.

Ensuite, pour pouvoir dire que des êtres sont *frères*, il faut qu'il y ait entre eux un certain lien, un certain rapport qui puisse les faire considérer comme ayant une même origine, comme constituant la même espèce.

De plus, il est nécessaire que l'expression *homme* soit préalablement déterminée.

53. Sans tout cela, en effet, que de questions l'on pourrait se poser !

Un nègre est-il un homme, est-il le frère d'un blanc? Non, pour les propriétaires d'esclaves. Un prolétaire est-il un homme, est-il le frère d'un banquier? Non, évidemment, pour les bourgeois? Un australasien, un singe, sont-ce des hommes-Pour la science actuelle, qui n'admet pas de dis tinction absolue entre l'homme et la collection des êtres, il y a plus de différence entre Newton et un australasien, qu'entre celui-ci et le premier des singes. Et si le singe est un homme, pourquoi le chien, l'huître, les plantes et les minéraux ne feraient-ils pas aussi partie de l'humanité? Dans ce cas, il n'est plus possible de trouver des êtres constituant, par leur ensemble, une espèce réelle à part, bien circonscrite et séparée du reste des êtres par une limite absolue.

Que devient alors la fraternité et la proposition : tous les hommes sont frères?

54. Concluons.

Pour que l'expression *fraternité* réponde à une idée déterminée et non absurde, la valeur du mot *homme* doit d'abord être circonscrite, et pour cela il faut qu'on puisse tracer une barrière absolue, infranchissable, entre certains êtres et tous les autres. Alors, les uns sont des hommes, et les autres des choses; et il est permis de dire que tous les hommes sont frères, comme formant une espèce réellement à part.

§ VIII. DES GENRES ET DES ESPÈCES DANS LES IDÉES.

55. On a déjà pu s'apercevoir, surtout dans le § précédent (48, 49), qu'il y a des idées qui en renferment d'autres plus spéciales. Nous allons traiter ce sujet d'une manière succincte.

56. Prenons, par exemple, l'idée de société.

Qu'est-ce que la *société?*

« La société, c'est l'existence d'un *rapport*

« *entre plusieurs êtres qui raisonnent*, c'est
« l'existence d'un *contact intellectuel* entre plu-
« sieurs êtres susceptibles d'échanger des idées. »
S'il y a des hommes dans la lune, et si nous par-
venons à faire un échange réciproque d'idées,
nous serons en société, au moins partielle, avec
eux. Au contraire, du moment qu'il n'y a pas
contact intellectuel, on n'emploie plus le mot *société* que par extension de son sens primitif, ou,
comme on dit, figurément. Ainsi, il n'y a pas de
société proprement dite entre la terre, la lune et
le soleil, ou entre les grains de sable du bord
de la mer; mais on pourrait donner à ce rapport
le nom de société matérielle.

57. Ceci posé, et l'expression société, ayant
pour valeur *rapport intellectuel* ou *communication des idées*, étant prise pour genre, nous pouvons diviser cette idée en nous basant sur la
raison suivante.

Pour que l'ordre existe, il faut qu'il y ait une
règle commune, acceptée par tous les membres
de la société, il faut qu'il y ait communauté
d'idées chez tous sur la règle des actions, sur le
droit. Quand, au lieu de la communauté d'idées,
il n'y a que la communication d'idées sur ce
point, l'ordre n'est plus possible.

58. En nous appuyant là-dessus, nous distin-
guerons donc la société *anarchique*, où il existe
seulement communication d'idées, de la société
hiérarchique, où il existe, de plus, communauté
d'idées sur le droit.

59. Considérons maintenant l'espèce *société
hiérarchique*, comme un nouveau genre. Nous

pourrons le scinder en deux nouvelles espèces suivant le principe que nous allons exposer.

La communauté des idées sur le droit, dont nous venons de parler, peut être obtenue de deux manières bien différentes : la société inculque, par l'éducation, les préjugés qu'elle veut faire prévaloir, et doit par conséquent empêcher l'instruction de venir plus tard détruire ces préjugés; ou bien, la société inculque, par l'éducation, des idées vraies, et puis les confirme par l'instruction. Dans le premier cas, la communauté des idées est basée sur une foi, une opinion, un sentiment; dans le second, elle s'appuie sur un raisonnement incontestable.

60. Ceci posé, nous devons donc distinguer la société *sentimentale*, dans laquelle la règle est imposée par une foi, de la société *rationnelle*, dans laquelle elle est prescrite par la science.

§ IX. Du sens propre et du sens figuré.

61. Le sens *propre* d'un mot est la valeur à laquelle on a donné primitivement ce mot pour la représenter.

62. Le sens *figuré* d'un mot, au contraire, est celui pour lequel il a été détourné de sa signification primitive.

63. Ainsi, on a dans le principe donné le nom de *travail* à l'action de l'homme, regardé comme un être jouissant de la liberté. C'est là un mot pris au propre. Mais quand les économistes soutiennent que les capitaux travaillent, que les machines travaillent, que la terre travaille, ils

emploient ce mot dans un sens autre que celui pour lequel on avait primitivement créé le mot, c'est-à-dire dans un sens figuré.

Le langage philosophique et économique fourmille, de nos jours, d'expressions figurées, ce qui le rend très dangereux pour qui n'y prend pas garde.

64. On affirme, par exemple, que la raison nous *dit* telle ou telle chose. Comme il n'est ici question que de la raison qui n'appartient en propre à personne, ou qui est impersonnelle, il est évident que l'expression *dire* n'est prise qu'au figuré, puisque la raison, n'étant pas une personne, ne peut parler.

65. La nature, avance-t-on, a *fait* telle chose. Il y a encore là usage du verbe faire, au figuré, puisque la nature n'est pas une personne.

66. Le plus généralement le sens figuré d'un mot constitue, avec son sens propre, deux espèces du même genre.

Ainsi, dans les définitions que nous avons données à l'occasion de l'expression société, la valeur *rapport matériel,* ou *rapport de forces,* est le sens du mot société, pris au figuré : quand on l'emploie pour signifier l'état de rapprochement des grains de sable de la mer, par exemple; tandis que la valeur *rapport intellectuel* ou *communication d'idées,* est le sens du mot société, pris au propre. Dans sa plus grande généralité, l'expression société ne signifie que rapport, abstraction faite de toute spécification.

67. Quand un homme est tué par une tuile qui tombe d'un toit, on dit que cette tuile est la

cause de la mort de cet homme, que c'est elle qui l'a tué. Eh bien, voilà encore une expression prise au figuré.

En effet, examinons l'idée de cause.

68. Une *cause*, en général, c'est *ce qui produit un mouvement, ce qui agit*.

69. Subdivisons cette idée générique.

Il y a : 1° les causes qui, ayant produit tel effet, auraient pu en produire tel autre, qui agissent, par conséquent, librement; 2° les causes qui n'auraient pas pu produire d'autre effet que celui auquel elles ont donné naissance, qui agissent, par conséquent, nécessairement.

Appelons la première espèce, cause *réelle*, et la seconde, cause *illusoire*.

70. Maintenant, il est clair qu'une cause ne peut agir librement que si elle n'est pas forcée à l'action; tandis que la cause qui agit nécessairement ne le fait que parce qu'elle y est obligée.

Ainsi, une cause illusoire ne produit tel effet que parce qu'une autre cause, antérieure à elle, l'y a contrainte; tout comme un capucin de carte ne tombe que parce qu'un autre capucin de carte l'a poussé.

Par conséquent, une cause illusoire ne peut pas être dite *avoir agi*, à proprement parler.

71. Dans l'exemple dont nous sommes parti, la tuile est tombée, supposons, *parce que* le vent l'avait détachée; ce serait donc le vent qui aurait causé la mort. Mais le vent avait soufflé, *parce qu'*un nuage s'abaissait, c'est donc celui-ci qui aurait été le coupable. Mais ce nuage s'était formé

parce que le soleil avait évaporé les eaux de la mer, etc.., etc...

Il est aisé de comprendre que l'on pourrait ainsi aller de *parce que* en *parce que* indéfiniment.

Concluons donc que la tuile a agi *au figuré,* qu'elle a été cause *figurément dite.*

72. Et remarquons ceci pour terminer : Pour qu'une cause puisse être dite *agir au propre,* il faut qu'il soit impossible de lui trouver une cause antérieure. Elle doit donc être *éternelle.*

§ X. LES IDÉES SONT-ELLES TOUJOURS SUSCEPTIBLES D'UNE CIRCONSCRIPTION EXACTE?

73. Il n'est pas toujours possible de circonscrire parfaitement les idées, et par conséquent d'établir des définitions exactes.

Mais il est possible de dire là où les définitions peuvent être exactes, et là où elles sont nécessairement plus ou moins vagues.

74. Quand il s'agit d'êtres matériels, par exemple, on ne peut presque jamais limiter exactement les idées, et les définitions ne sont pas toujours parfaites.

Éprouvons-nous, en effet, deux fois de suite la même modification? Rencontre-t-on dans la matière deux choses absolument égales?

Non.

Par conséquent il est impossible d'opérer une circonscription rigoureuse de l'idée que l'on se fait d'une chose, et par suite de donner la valeur précise des mots que l'on emploie.

75. Mais s'il existe autre chose que la matière, si la sensibilité et ce qui la modifie sont de natures absolument opposées, auquel cas il y a ce que l'on appelle des êtres moraux, alors il en est différemment.

En effet :

Du moment que nous supposons la nature de la sensibilité essentiellement opposée à celle de la matière, pour savoir en quoi consiste la première espèce de nature, il faut évidemment connaître la seconde.

Or, qu'est-ce que la nature de la matière?

La divisibilité.

La nature de ce qui n'est pas matière, ou des *immatérialités,* si elles existent, est donc l'indivisibilité.

Ainsi : être indivisible, réel, immatériel, voilà des expressions qui auront désormais, pour nous, la même valeur.

Ceci étant posé, est-ce que toutes les idées qui se rattachent à celle de l'être simple, de l'unité, ne sont pas parfaitement susceptibles d'être circonscrites avec la plus grande rigueur? Évidemment, puisque l'idée mère d'indivisibilité est elle-même parfaitement limitée. Du reste, nous avons montré (57 à 60) dans les définitions des différentes espèces de société, que la délimitation des idées était chose facile.

76. Il nous reste à faire voir, par quelques exemples, qu'il n'en est pas de même dans le domaine de la matière.

77. On a classé tous les corps en trois grandes divisions : le règne inorganique, le règne végé-

tal, et le règne animal. Eh bien, il est absolument
impossible de donner une valeur claire, et parfai-
ment circonscrite, aux expressions *animal* et
végétal. C'est, du reste, ce que reconnaissent
quelquefois les naturalistes eux-mêmes.

— « Le règne végétal et le règne animal, a dit le bota-
niste Auguste de Saint-Hilaire, se nuancent par des dégra-
dations presque insensibles, et, chose digne de remarque, ce
sont les espèces les moins parfaites des deux règnes qui tendent à les rattacher l'un à l'autre. »

— Le simple bon sens indique que ce ne
pouvait être par les espèces les plus parfaites,
c'est-à-dire par celles qui présentent les caractères les plus tranchés, que les deux règnes se
seraient confondus.

78. Voici maintenant un essai de définition
de l'animalité.

— « S'il fallait définir d'une manière concise ce que l'on
entend par le mot *animal*,—c'est le zoologiste Milne Edwards
qui parle,—on pourrait dire qu'il s'applique à tout *corps doué
de la faculté de se nourrir, de sentir* et *d'exécuter des mouvements spontanés.* »

— La définition donnée par Milne-Edwards
est claire, et paraît répondre à une idée parfaitement circonscrite; cependant elle ne vaut absolument rien.

79. Nous allons laisser la parole à M. Raspail
qui va nous le démontrer. Nous ferons seulement
quelques remarques.

— « Qui oserait, dit-il, refuser au végétal la sensibilité qu'on accorde au polype d'eau douce? L'exemple des
oscillatoires, de la sensitive, est devenu une réfutation banale
de cette supposition. »

80. —Nous nions que le mouvement soit le signe de l'existence de la sensibilité chez un être. Nous nions qu'il soit logiquement permis de dire : partout où il y a sensibilité modifiée, il y a mouvement ; DONC, partout où il y a mouvement, il y a sensibilité modifiée. Ce *donc* n'est pas plus à sa place, ici, que dans le raisonnement suivant : Partout où le soleil pénètre, il fait chaud. DONC, partout où il fait chaud, c'est le soleil qui en est cause.

Mais, quoi qu'il en soit, une fois que l'on admet l'existence de la sensibilité là où l'on constate un mouvement, M. Raspail a raison ; la sensibilité n'est plus un caractère qui puisse servir à différencier les animaux des *végétaux*.

81. Et la propriété d'exécuter des mouvements?

— « Il ne serait pas plus heureux, continue M. Raspail, d'établir en principe que le végétal est attaché au sol, privé de locomotion, tandis que l'animal jouit du privilège de se déplacer selon ses caprices. L'huître est attachée au rocher qui l'a vu naître ; les grands polypes à rameaux calcaires sont de grands arbres attach s au sol que couvre la mer ; et leurs petits polypes, quand ils se meuvent, semblent plutôt s'épanouir comme une fleur qui se réveille, et se contracter comme un bouton qui se referme, que se déplacer par une réelle locomotion. D'un autre côté, la lentille d'eau, cette miniature d'une plante, cette plante réduite à sa plus simple expression, à une feuille et à une racine, flotte libre sur les eaux douces, emportant avec elle, en se déplaçant, tout ce qui lui est nécessaire pour végéter, croître, se propager à l'infini et se reproduire en cessant de vivre. »

82. — Ainsi, la sensibilité (pour se conformer au langage de la science actuelle) ,et la locomotion, ne sont pas des propriétés qui puissent servir à distinguer l'animal du végétal. Et la pro-

priété de se nourrir, le peut-elle davantage? Est-ce que les plantes ne se nourrissent pas?

La définition de Milne Edwards (78) ne répond donc à aucune idée déterminée.

83. Avons-nous maintenant besoin de faire voir que les définitions des classes, familles, genres et autres subdivisions des règnes, sont aussi peu susceptibles d'une délimitation exacte? Pour ceux qui sont au courant des connaissances acquises en histoire naturelle, c'est complétement inutile. Quant aux autres, la démonstration de cette thèse exigerait des développements par trop considérables.

§ XI. Des sophismes par un défaut dans les définitions.

84. Nous avons vu jusqu'ici ce qu'il est nécessaire d'observer dans l'établissement des définitions, pour qu'elles ne conduisent pas à faire un mauvais raisonnement.

Nous allons à présent examiner les espèces de mauvais raisonnements, ou de sophismes, causés par l'inobservation des règles qui sont prescrites.

85. Pour qu'une définition soit bonne, il faut, nous l'avons vu (10) :

1° Que l'idée exprimée par le mot que l'on emploie soit parfaitement circonscrite (14), quand c'est possible (73).

2° Qu'à chaque circonscription d'idée corresponde une expression qui lui soit spéciale, qui lui appartienne exclusivement (15, 16).

3

3° Que l'idée circonscrite ne renferme pas l'absurde, du moins à l'insu de celui qui raisonne (31).

4° Et enfin, que dans la subdivision d'une idée générale, on n'oublie aucune des idées particulières qu'elle renferme (§ VIII).

86. Il résulte de là que, dans la catégorie des sophismes par défaut dans les définitions, il faut en distinguer plusieurs espèces.

1° Il y a d'abord les sophismes par indétermination de la valeur des expressions, ou par circonscription mal limitée des idées.

2° Il y a encore sophisme quand on donne à deux idées distinctes un même nom pour les exprimer.

Ce défaut de logique a lieu de plusieurs manières différentes.

Ainsi, quand on confond une idée générique avec les diverses idées particulières qu'elle renferme, on fait un sophisme, puisqu'on donne le nom d'une espèce au genre, ou le nom du genre à une espèce.

Quand on confond les sens propre et figuré d'une expression, sans en avertir, on fait encore un sophisme, puisque l'on donne à une idée un nom qui, primitivement, n'était pas chargé de la représenter.

3° Il y a sophisme quand on impose à une seule idée deux noms, dont l'un sert déjà à exprimer une autre idée.

4° Renfermer dans la circonscription d'une idée, dans la valeur d'une expression, quelque chose d'absurde, constitue une nouvelle espèce de sophisme.

Une des manières d'arriver à une définition renfermant l'absurde, consiste à passer, sans en faire l'observation, d'un ordre à un autre, c'est-à-dire, d'une classe d'idées à une autre classe d'une nature absolument opposée, exclusive de la première.

5° Enfin, oublier une ou plusieurs idées quand on fait le dénombrement des espèces renfermées dans une idée générale, c'est également faire un sophisme.

§ XII. Examen de quelques sophismes par défaut dans les définitions.

87. Avant de finir ce chapitre sur les définitions, nous allons donner quelques exemples des sophismes classés dans le § précédent, et indiquer d'où ils proviennent.

Sophismes par indétermination des idées.

88. Tout raisonnement dans lequel entrent les expressions *homme, humanité,* etc., ne peut conduire à aucune conclusion valable, aussi long-temps que ces expressions restent dans l'indétermination où elles se trouvent généralement aujourd'hui (55).

En effet, il n'y a pas une seule définition du mot *homme* qui ne réponde en même temps à toute autre chose qu'à ce que l'on voudrait désigner. Il faut en excepter la valeur donnée à cette expression par l'anthropomorphisme (*) : celle-là, au lieu d'être indéterminée, est absurde.

89. Prenons, par exemple, la définition : *l'homme est un animal intelligent*, ou bien celle de Bonald : *l'homme est une intelligence servie par des organes.*

90. D'abord, l'idée d'intelligence entraîne nécessairement avec elle celle d'organisme, comme nous le verrons plus loin, de façon que la définition donnée par Bonald est redondante.

91. Ensuite, pour pouvoir distinguer l'homme de tous les autres êtres par le caractère distinctif d'*intelligent*, ne faudrait-il pas préalablement prouver, ou tout au moins admettre, que lui seul possède l'intelligence?

Or, la science actuelle prétend qu'il n'y a rien qui sépare absolument l'homme des animaux, et que tout, dans la nature, sent et pense.

Mais, s'il en était ainsi, la définition de l'homme ne s'appliquerait-elle pas, avec une égale exactitude, au singe, au chien, à l'huître, à l'éponge, aux plantes et aux minéraux?

92. Voici encore quelques exemples de sophismes par indétermination. Ils font voir à quel degré de galimathias il est possible d'arriver quand on n'attache pas une valeur claire à chaque expression.

(*) Rappelons ici, pour ne rien laisser de vague, que l'*anthropomorph*isme est l'hypothèse de l'existence d'un Dieu à forme humaine, d'un être créateur, tout-puissant, personnel, c'est-à-dire possédant la conscience de son existence.

— « L'âme est la première entéléchie d'un corps doué d'une vie potentielle. »

— Cette définition, donnée par Aristote, est incompréhensible. La suivante, de Damiron, ne vaut pas mieux.

— « L'âm' n'est autre chose que le moi ; ou plutôt elle est davantage ; elle existe avant d'être moi ; elle le devient en se développant ; et dans la suite de ses destinées, lors mêm' qu'il lui arriverait de cesser de se connaître et de mourir à la conscience, elle serait encore, malgré tout, dût-elle n'être à d'autre titre que les éléments désunis d'un corps qui se dissout, ou qu'une force qui se perd dans le vague sein de l'être. »

— Voici enfin une proposition de M. Cousin qui peut aller de pair avec les deux précédentes.

— « Partout présent, il (Dieu) revient en quelque sorte à lui-même dans la conscience de l'homme dont il constitue indirectement le mécanisme et la triplicité phénoménale par le reflet de sa propre vertu et de la triplicité substantielle dont il est l'identité absolue. »

— Mais voilà assez de logomachies. Poursuivons l'étude des sophismes.

Sophismes par imposition à une idée, d'un nom servant à désigner en même temps une autre idée.

93. L'économiste Jean-Baptiste Say a usé de ce genre de sophisme de la manière suivante.

— « Smith, dit-il, avait borné le domaine de cette science (l'économie politique) en réservant exclusivement le nom de *richesse* aux *valeurs* fixées dans des substances *matérielles.* »

— Adam Smith avait compris qu'il faut, sous

peine de logomachie, donner à chaque idée bien circonscrite, un nom en propre.

— « Il devait y comprendre des *valeurs* qui, bien qu'*immatérielles*, n'en sont pas moins réelles, comme sont les *talents naturels et acquis*. »

— Ce n'est pas ici le lieu de démontrer combien l'expression *valeur immatérielle* est absurde; mais il n'en est pas moins vrai que, du moment que l'on admet deux espèces de valeurs, il faut deux noms pour les indiquer. Agir autrement, assimiler les talents naturels et acquis, c'est-à-dire l'humanité toute entière, à la richesse, c'est faire un sophisme qui conduit à justifier l'esclavage.

94. Tous les économistes sont coupables de ce mauvais raisonnement, et aussi Proudhon, quand il appelle l'homme un capital (*).

95. L'espèce particulière de sophisme que nous étudions se présente encore quand on confond un genre avec une de ses espèces.

En voici un exemple :

— « La *propriété*, a dit Proudhon, j'entends toujours par ce mot cette propriété *foncière*, domaniale, dont le *partage* de la terre a donné une idée si nette. »

— Il y a propriété *mobilaire*, et propriété *foncière*; puis, il y a propriété foncière *individuelle*, et propriété foncière *collective* ou appartenant à tous.

Ainsi, dans sa phrase, Proudhon donne d'abord le nom du genre, propriété, à une de ses espèces,

___

(*) Voyez *De la propriété intellectuelle*, chap. III, p. 40.

propriété foncière; ensuite, à ce sophisme il en ajoute un second en désignant, par l'expression générique de propriété foncière, une de ses espèces, la propriété foncière individuelle.

96. On fait aussi un sophisme analogue quand on confond le sens propre d'un mot avec son sens figuré.

Ainsi, quand les économistes disent que l'homme *produit*, que les capitaux *produisent*, et que la terre *produit*, ils confondent le sens propre de produire, qui se rapporte aux êtres intelligents et libres, avec son sens figuré, exclusivement relatif aux êtres qui agissent nécessairement, et signifiant alors *fonctionnement*. Ils font donc un sophisme, à moins que l'on ne préfère admettre que, pour eux, les capitaux et la terre sont intelligents, ou que l'homme n'est pas libre.

Sophismes par imposition de deux noms à une seule idée.

97. Il est bien entendu que, dans ce cas, il n'y a sophisme que si l'un des noms a déjà été employé pour désigner une autre idée que celle à laquelle il est appliqué actuellement.

C'est ce qui a lieu dans la proposition suivante:

— « L'homme lui-même, a dit Proudhon, en tant qu'il est considéré comme *agent* ou *engin* de production, est réputé capital. »

— *Agent* signifie *celui qui agit, qui travaille, qui produit*. *Engin*, au contraire, a pour signification le *mécanisme, l'instrument, l'outil* au moyen duquel l'agent travaille ou produit. Or, Proudhon avance que l'homme seul travaille. En donnant à l'idée de travailleur les deux expressions si opposées d'engin et d'agent, pour la traduire, il a donc fait un sophisme.

Sophismes par absurdité contenue dans la circonscription d'une idée.

98. En voici quelques exemples.

L'idée de *création* renferme l'absurde, puisqu'elle a pour valeur l'*identification du néant à quelque chose*.

99. Quand l'anthropomorphisme dit : *l'homme a été créé libre*, il réussit à faire deux sophismes par absurdité dans une phrase de quatre mots, en parlant, d'abord de création, ensuite de créature libre.

Démontrons qu'une créature ne peut pas être libre.

Un être libre, c'est celui qui n'est pas forcé à faire telle action plutôt que telle autre ; c'est une cause réelle, une cause qui n'est pas l'effet d'une cause antérieure, par conséquent c'est un être éternel (72).

Une créature, au contraire, est le produit d'une cause préexistante ; elle est par conséquent temporelle.

Il y a donc incompatibilité absolue entre les deux idées : création et liberté. L'expression *créature libre* a donc pour valeur une idée absurde.

100. Quand, dans une définition, on passe d'un ordre à un autre, ou que l'on confond deux idées de nature complétement opposée, qui s'excluent donc nécessairement, on fait encore un sophisme par absurdité.

Les expressions *vie éternelle*, dans le sens admis par les révélations, *durée éternelle*, et autres analogues, sont dans ce cas. En effet, la vie appartient à l'ordre de temps; elle a nécessairement un commencement, la naissance, et une fin, la mort; la durée étant ce qui sépare le commencement de la fin, appartient au même ordre. Tandis que l'idée d'éternité est précisément la négation des idées de commencement et de terminaison et, par conséquent, fait partie d'un ordre tout différent du premier. On comprend, dès lors, combien les expressions que nous critiquons sont absurdes.

Sophismes par erreur dans le dénombrement des idées particulières renfermées dans une idée générique.

101. Bastiat est tombé dans cette faute, quand il écrivait ce qui suit :

— « La vérité est que la contribution publique s'adressera *toujours* et *nécessairement* aux objets de la *consommation* la plus générale, c'est-à-dire la plus populaire. »

— L'auteur n'a, en effet, pas remarqué que dans l'idée générale d'impôt, il y a les deux idées particulières de l'impôt qui pèse sur la *consomma-*

tion, et de celui qui pèse sur la *production*. Il a oublié la seconde. Il a donc fait un sophisme.

102. Proudhon a raisonné aussi mal dans la proposition suivante :

— « *Tout* impôt se résoud en une taxe de *consommation....* »

— Il a également omis l'espèce particulière d'impôt qui consiste dans une taxe sur la *production* (*).

103. Quelquefois, l'erreur dans le dénombrement, au lieu de résulter de l'oubli d'une ou plusieurs espèces renfermées dans une idée générale, consiste au contraire dans l'admission de plus d'espèces qu'il n'y en a réellement.

C'est encore chez Proudhon que nous prendrons un exemple de cette espèce de sophisme.

(*) La taxe sur la production n'est-elle pas en définitive une taxe sur la consommation, pourrait-on demander?
Non.

Relativement à l'idée de la consommation, ce qui est utilisé immédiatement pour le développement tant physique que moral, c'est le *salaire*; le *capital* est ce qui est économisé, mis à part pour servir à une production ultérieure.

Par conséquent, la consommation a lieu au moyen du salaire, et la production au moyen du capital.

Si donc il existe un état social tel, que le travail domine le capital, — ce qu'il est permis de supposer, tant que cette hypothèse n'est pas démontrée absurde, — il est clair que l'impôt qui y serait mis sur la consommation serait immédiatement rejeté par le travail sur le capital, c'est-à-dire sur la production.

Jusqu'à preuve du contraire, il faut donc admettre la possibilité d'une taxe sur la production.

— « Je ne dois pas dissimuler, dit-il, que hors de la *pro-priété* ou de la *communauté*, personne n'a conçu de société possible : cette erreur à jamais déplorable a fait toute la vie de la propriété. »

—Propriété signifie ici propriété *individuelle*, et *communisme*, propriété n'appartenant pas à tels ou tels individus, ou associations particulières, mais appartenant à l'ensemble, ou *collective*. Or, entre l'organisation sociale qui donne la propriété des choses aux individus, et celle qui établit l'appropriation collective, il n'y a pas de troisième mode d'appartenance possible. C'est cependant de cette impossibilité que Proudhon a fait sa troisième espèce d'organisation de la propriété. Sophisme par erreur de dénombrement.

104. En terminant cette critique de quelques raisonnements qui sont mauvais parce qu'ils renferment des définitions irrégulières, nous ferons remarquer que les diverses espèces de sophismes que nous avons signalées, rentrent toutes, plus ou moins, les unes dans les autres.

Ainsi : confondre le sens propre avec le sens figuré, ou un genre avec ses espèces, c'est autant faire un sophisme par attribution d'un seul nom à deux idées différentes, qu'en faire un par indétermination des idées. Renfermer dans la valeur d'une expression deux idées incompatibles, est aussi bien faire un sophisme par passage d'un ordre à un autre, qu'un sophisme par indétermination.

Mais ceci est assez clair, et n'exige pas de plus longs détails.

———

CHAPITRE II.

Le raisonnement.

105. Un raisonnement considéré dans sa plus grande généralité est formé par un ensemble de propositions. Il présente donc à considérer trois choses :

1° Le mode de liaison des propositions, ou son *mécanisme*.

2° La première proposition du raisonnement, ou son *point de départ*.

3° La dernière proposition, le point d'arrivée, ou sa *conclusion*.

Nous allons étudier successivement ces trois points.

§ I. Qu'est-ce qu'une proposition ?

106. Toute proposition se résume, en dernière analyse, dans l'existence d'un rapport d'égalité entre deux idées, rapport indiqué par le verbe *être*.

Et cette existence peut être soit affirmée, soit niée, soit mise en doute.

107. Il y a donc trois espèces de propositions : 1° affirmatives ; 2° négatives ; 3° interrogatives, ou dubitatives.

Donnons des exemples de ces trois espèces.

— « Le paupérisme se développe, quand le sol est aliéné, en raison directe de l'augmentation de la richesse chez ceux qui possèdent. »

— Voilà une proposition affirmative. Il y a ici, en effet, affirmation d'un rapport d'égalité entre l'idée d'accroissement du paupérisme chez les uns dans telle circonstance donnée, et celle d'accroissement de la richesse chez les autres dans la même circonstance.

— « Les épargnes des riches, d'après J. B. Say, se font aux dépens des pauvres. »

— Voilà encore une proposition affirmative, consistant dans le fait que le rapport entre l'épargne des riches et l'augmentation de misère des pauvres est un rapport d'égalité.

Dans les propositions négatives, au contraire, l'égalité entre les deux idées est niée, ou, ce qui revient au même, il y a affirmation qu'il existe seulement un rapport d'inégalité.

— « Le capital n'est pas indispensable au travail. »

— Dans cette proposition, il y a négation du rapport d'égalité entre les idées de travail et de capital nécessaire, ou, affirmation qu'entre ces deux idées il ne se trouve qu'un rapport d'inégalité.

Voici enfin une proposition interrogative, ou un problème.

— « Le sol doit-il entrer à la propriété collective pour que l'ordre puisse désormais exister? »

— Il y a ici, en effet, mise en doute du rapport d'égalité entre l'idée d'appropriation collective du sol, et celle de l'imperturbabilité de l'ordre.

108. On comprend aisément qu'un simple changement de rédaction suffit pour transformer une proposition négative en affirmative, sans modifier en rien sa valeur. On comprend aussi qu'une proposition dubitative se résoud toujours en deux nouvelles propositions, dont l'une affirme et l'autre nie le rapport d'égalité entre les deux idées dont il est question. Il est inutile, pensons-nous, de montrer par des exemples comment cela peut avoir lieu.

§ II. DE L'INCONTESTABILITÉ DES PROPOSITIONS.

109. Avant de passer à l'examen de la condition à laquelle doit satisfaire une proposition pour qu'elle soit incontestable, voyons s'il n'y a pas lieu à établir plusieurs espèces de propositions, en nous fondant sur un autre principe de division que la qualité du rapport existant entre les deux idées constituantes.

110. Il y a d'abord les propositions qui consistent dans l'énonciation d'un fait spécial, celui de telle ou telle modification de la sensibilité : c'est la simple exposition d'un rapport entre l'être qui sent et une manière particulière de se sentir; c'est une modification du *soi*, qui n'est liée ou qu'on ne lie à aucune autre modification. C'est en un mot un raisonnement *simple*.

111. Il y a ensuite les propositions constituées par la mise en rapport de deux idées, et qui n'expriment pas explicitement une modification de la sensibilité. Ce sont des fragments de raisonnements *complexes*.

112. Voici quelques exemples de ces deux espèces de propositions.

Je me sens exister, je suis modifié de telle ou telle façon, je vois telle chose, etc., etc.; toutes ces phrases indiquent une manière d'être de celui qui parle, une modification perçue par celui qui raisonne.

L'appropriation individuelle du sol rend le travail esclave, voilà une proposition qui ne rentre pas dans l'espèce précédente. C'est l'affirmation d'un rapport d'égalité entre les deux idées de propriété individuelle du sol, et d'esclavage du travail.

113. Ceci étant posé, nous pouvons rechercher quand une proposition est incontestable nécessairement, et quand elle ne l'est pas.

Et d'abord, pour ce qui regarde la première espèce, ou le raisonnement simple, il est évident qu'il n'y a pas matière possible à contestation. Un raisonnement simple, en effet, ne présente pas d'alternative; il ne peut donc être ni bon, ni mauvais. Il *est*. Un aveugle peut-il prouver à un clairvoyant que celui-ci se trompe quand il prétend voir le soleil? Quelqu'un entend le son d'une cloche, et le dit, ce qui est un raisonnement simple; en supposant qu'il ne se trouve pas de cloche dans le rayon de son ouïe, est-il possible de démontrer à cette personne qu'elle n'entend aucun son?

114. Quant aux propositions qui ne sont que des fragments de raisonnements complexes, il en est tout différemment. Ici, le rapport énoncé entre les deux idées dont se compose la proposition peut être, soit nié, soit affirmé, de sorte qu'il y a toujours deux alternatives, et cependant jamais qu'une seule qui soit bonne. Ainsi, si nous reprenons l'exemple de l'alinéa précédent, la proposition : *il n'y a pas de cloche dans le rayon de l'ouïe de celui qui en entend le son*, présente deux alternatives suivant qu'elle exprime ou non le fait.

115. Maintenant, que faut-il pour qu'une proposition soit incontestable ? Il est nécessaire, et cette condition suffit, que les deux termes mis en relation se réduisent au fond à une idée unique, de façon qu'ils ne soient, pour ainsi dire, que deux manières diverses d'exprimer la même chose. Hors de cela, toute proposition est essentiellement contestable.

Par conséquent, pour démontrer l'incontestabilité d'une proposition, il faut faire voir, — et cela suffit, — que les deux termes de cette proposition ne renferment pas deux idées différentes, mais bien une seule et même valeur d'idée sous deux formes diverses.

116. Les mathématiques vont nous fournir un exemple de ce que nous venons d'avancer.

Six égale la racine carrée de trente-six est une proposition affirmant que l'idée représentée par *six* est de même valeur que celle représentée par *racine carrée de trente-six*; et cette proposition est en effet incontestable, puisque ces deux idées se réduisent chacune à la somme de six unités. Il y a donc ici, au fond, une même idée exprimée de deux façons différentes.

117. Quand on dit, en science sociale : *il ne peut pas y avoir de morale si le matérialisme existe*, on énonce une proposition affirmant que le rapport entre les idées de morale et de matérialisme n'est qu'un rapport d'opposition ; et pour prouver cette proposition il faut faire voir qu'en effet, il y a là deux idées exclusives l'une de l'autre.

§ III. Des raisonnements complexes, et de leur incontestabilité.

118. Maintenant que nous avons vu en quoi consistent les propositions et les raisonnements simples, nous pouvons passer à l'examen des raisonnements complexes.

119. Un raisonnement complexe est un enchaînement de deux ou de plusieurs propositions.

120. Mais suivant quelle règle doit avoir lieu cet enchaînement de propositions ? C'est précisément là que gît la question de l'incontestabilité d'un raisonnement complexe.

En effet, si ces différentes propositions étaient sans aucun rapport entre elles, il n'y aurait, évidemment, aucune valeur logique à tirer de leur rapprochement.

Mais si, au contraire, les valeurs exprimées par ces propositions sont identiques, alors il n'y a plus aucun motif rationnel de contester le raisonnement.

Il est clair, en même temps, que c'est dans cette circonstance seule qu'il n'y a pas matière à contestation.

121. Ainsi donc, l'identité des valeurs exprimées par les diverses propositions d'un raisonnement, voilà la condition indispensable et suffisante pour que ce raisonnement soit incontestable sous le rapport du mécanisme, tout comme l'identité des idées mises en rapport dans une proposition, est la condition nécessaire et suffisante pour que cette proposition soit incontestable.

De façon que tout raisonnement incontestable doit être réductible, *sous le rapport de l'expression*, à la forme algébrique suivante,

$$A = B, C = D, E = F, \text{etc.,}$$

dans laquelle chaque lettre représente une idée, et chaque équation une proposition ; et *relativement à la valeur exprimée*, à la formule que voici,

$$A = A = A = A = \ldots$$

122. Nous verrons, au paragraphe suivant, quelques exemples de raisonnements par identités. Nous allons montrer, en attendant, comment deux propositions différentes peuvent exprimer des valeurs égales.

Dans le courant du chapitre premier, nous avons donné au mot *matière*, pour valeur, *tout ce qui modifie la sensibilité*, en faisant remarquer, d'abord, qu'il ne peut y avoir, dans le monde, que sensibilité et modificateur de la sensibilité, ensuite, que cette définition ne préjuge point la question de savoir si la sensibilité elle-même fait partie ou non de la matière.

Or, ceci étant donné, la proposition : *la matière est tout ce qui modifie la sensibilité*, ne revient-elle pas exactement, quant à sa valeur, à celle-ci : *il n'y a que la sensibilité qui puisse être non-matérielle*. ou à la suivante : *s'il existe des immatérialités elles sont nécessairement des sensibilités ?* •

Voilà bien des propositions, qui diffèrent entre elles comme expression, et qui cependant expriment au fond la même chose. .

§ IV. Exemples de raisonnements enchaînés par identités.

123. Nous pouvons actuellement donner quelques exemples de raisonnements par enchaînement d'identités. Nous prendrons le premier chez Laromiguière.

— « *La chaleur dilate tous les corps*, dit-il, *et le froid les resserre*. Voilà une vérité d'observation, et comme nous ne connaissons pas de degré de froid absolu(*), Lavoisier conclut de cette observation, qu'*il n'y a pas de contact* dans la nature. Ce raisonnement est-il frivole à votre avis? Les deux propositions dont il se compose sont pourtant identiques.

« En voici la preuve dont je prie le lecteur de me pardonner le développement minutieux, ce développement étant nécessaire à mon sujet.

« Dire que le froid de tout corps peut augmenter, c'est dire que tout corps peut diminuer de volume, c'est dire que toutes

---

(*) Ce degré est absurde. Ce serait la réduction des corps au point mathématique, au néant.

les parties des corps peuvent se rapprocher les unes des autres; c'est dire que la distance qui sépare ces parties peut devenir moindre; c'est dire qu'il y a une distance entre toutes ces parties; c'est dire qu'il n'y a pas de contact.

« La conclusion, *il n'y a pas de contact dans la nature*, est donc identique avec le principe, *tout corps peut diminuer de volume*, ou avec celui-ci, *il n'y a pas de degré de froid absolu*.

« Quand, pour découvrir le rapport de l'idée *A* à l'idée *C*, je les compare l'une et l'autre à l'idée *B* en cette sorte: *A* est *B*, *B* est *C*; donc *A* est *C*; il est clair qu'il n'y a pas là deux idées différentes; il n'y a qu'une seule et même idée, qui se présente d'un côté sous l'expression *C*, et qui de l'autre est renfermée dans l'expression *A*. »

— Ce passage de Laromiguière est infiniment remarquable, et nous semble montrer parfaitement ce qu'est un raisonnement par enchaînement d'identités. Nous allons cependant en donner un second exemple tiré, cette fois, de la science sociale.

124. On dit souvent en économie politique, et en socialisme, que le sol et les capitaux sont également indispensables au travail. Eh bien, c'est là une erreur. Prouvons-le.

125. Qu'est-ce, d'abord, qu'un *capital?* Quelle valeur faut-il donner à cette expression? Ce doit être, évidemment, quelque chose qui n'est ni le sol, ni le travailleur, l'homme. Ce sera donc *tout corps mobile autre que l'homme, dans lequel celui-ci a accumulé du travail.*

Voyons, avant d'aller plus loin, si cette valeur est claire et non absurde, et pour cela, répétons notre définition et examinons-la mot par mot.

— « Un capital est un corps mobile, autre que l'homme, et dans lequel celui-ci a accumulé du travail. »

— Pourquoi un *corps?* Parce qu'il est impossible d'accumuler du travail sur autre chose qu'un corps.

Pourquoi *mobile?* Parce que, sans cela, il y aurait confusion avec la propriété foncière, le sol, le globe.

Pourquoi *autre que l'homme?* Parce que, sans cela, il y aurait confusion des deux idées: accumulation du travail sur l'homme, et sur un être purement matériel.

Pourquoi *dans lequel l'homme a accumulé son travail?* Pour ne pas confondre avec les corps non adhérents au sol et qui existaient cependant avant la naissance de l'humanité sur le globe. Ceux-ci ne deviennent capitaux que par un travail opéré sur eux, quand ce serait seulement celui de s'en emparer. Et puis, parce qu'un corps ne peut être mobilisé, ou détaché du sol, que par le travail.

Il n'y a rien, dans cette définition, qui ne soit clair et non absurde.

126. Qu'est-ce, maintenant, que le *sol?* Le sol sera alors la *matière qui existe primitivement, indépendamment de tout travail,* le globe terrestre, par exemple, avant l'arrivée du premier homme; qu'on le considère dans cet état, ou bien amélioré par le travail, pourvu que le résultat de cette accumulation de travail ne soit pas mobile; car, sans cette restriction, il y aurait confusion entre les idées de capital et de sol.

Il n'y a encore rien là qui ne soit parfaitement clair et non absurde.

127. Les deux idées exprimées par les mots *sol* et *capital* étant ainsi circonscrites, et ayant reçu chacune un nom, nous pouvons les employer sans aucun inconvénient. Commençons donc notre raisonnement.

Dire que le capital est un corps mobile autre que l'homme, sur lequel celui-ci a accumulé du travail, c'est dire que le capital est un produit du travail; c'est dire qu'il ne peut pas y avoir de capital avant qu'il n'y ait du travail; c'est dire que le travail est possible sans capital; c'est dire enfin, que le capital n'est pas indispensable au travail.

N'est-il pas vrai que, dans cet enchaînement, toutes les propositions ont, en définitive, la même valeur, pendant que, dans chaque proposition, les deux idées sont, au fond, identiques?

Le raisonnement que nous venons de faire est donc, quant à son mécanisme, incontestable.

§ V. DU POINT DE DÉPART D'UN RAISONNEMENT.

128. Tout raisonnement complexe, avons-nous vu, est un enchaînement de propositions.

Or, du moment que l'on raisonne dans l'intention d'arriver à une connaissance quelconque, il faut évidemment qu'il entre, dans cet enchaînement, une proposition que le raisonneur considère comme incontestable, et à laquelle il rattache toutes les autres.

129. Cette proposition qu'on ne peut contester, ou qui est censée ne pouvoir être contestée, est ce que l'on appelle le *point de départ* du raisonnement. L'autre proposition, celle qui termine l'enchaînement logique, en forme la *conclusion*.

130. Nous nous occuperons de la conclusion,

principalement dans le chapitre suivant. Nous venons d'étudier le mode de liaison des propositions entre elles. Il ne nous reste donc plus, ici, qu'à traiter du point de départ.

131. Tout raisonnement complexe étant constitué par une série de propositions dont l'une est regardée comme incontestable, il est clair que, si l'on ne change pas l'ordre dans lequel les propositions sont enchaînées l'une à l'autre, il importe peu de partir du connu pour aller à l'inconnu, ou de partir de l'inconnu pour retourner au point de départ.

Il est facile de comprendre, en effet, qu'en supposant la proposition $A = B$ incontestable, il revient au même de dire,

$$A = B, \ C = D, \ E = F, \ \dots \ V = X,$$

en partant du connu $A = B$, pour arriver à la conclusion $V = X$, que de suivre la marche inverse,

$$V = X, \ U = V, \dots \ C = D, \ A = B,$$

en partant de la conclusion ou de l'inconnu, pour revenir au point de départ. La valeur du raisonnement n'en est changée en aucune manière.

132. Ces deux modes de raisonner ont reçu des noms particuliers. Ainsi on fait de la *synthèse* quand on marche du connu à l'inconnu ; quand, au contraire, on revient de l'inconnu au connu, c'est à *l'analyse* que l'on a recours.

133. N'oublions pas de faire remarquer, avant d'aller plus loin, que si en partant de la conclu-

sion on arrive par enchaînement d'identités, à une proposition absurde, au lieu de retomber sur une proposition connue, cela seul prouve que la conclusion examinée est elle-même absurde.

134. Passons à l'examen de la question : s'il est nécessaire que deux interlocuteurs aient le même point de départ.

Serait-il possible à deux personnes raisonnant avec rigueur d'arriver à la *même* conclusion, si elles partaient de deux propositions *différentes?* Pourrait-on parvenir à la même vérité mathématique en faisant deux raisonnements, dont l'un aurait pour point de départ la proposition : *deux et deux font quatre*, tandis que l'autre partirait de la proposition : *deux et deux font cinq?*

Il n'est personne qui ne réponde négativement.

135. Pour que deux raisonneurs puissent arriver à la même conclusion sur un sujet quelconque, il faut donc qu'ils partent du même point. Le premier accord est absolument nécessaire pour arriver à la production du second.

§ VI. De l'axiôme.

136. Lorsque deux interlocuteurs consentent à partir de la même proposition, c'est qu'à leurs yeux elle est incontestable, ou que du moins ils la supposent telle pour un moment.

D'autres raisonneurs peuvent parfaitement regarder, eux, cette proposition comme contestable, ou même comme inadmissible, sans qu'il y ait rien à leur objecter à ce sujet.

137. Mais, avec cette manière de faire, il y

aurait évidemment impossibilité de jamais arriver à une conclusion qui fût nécessairement admise comme incontestable par tous les hommes, si ce n'est hypothétiquement, ou relativement à l'incontestabilité supposée du point de départ.

138. Que faut-il donc pour que l'humanité puisse parvenir à une conclusion incontestable, et *commune?* Il faut nécessairement qu'il existe un point de départ *commun* à tous, évident par lui-même, 'que personne ne puisse contester, et auquel chacun soit obligé de donner son assentiment. Il faut, en un mot, qu'il y ait un *axiôme.*

139. Y a-t-il un axiôme? Peut-il y avoir plusieurs axiômes? Quel est l'axiôme? Voilà trois questions fort importantes à résoudre. Commençons par la seconde.

140. Un axiôme, avons-nous dit (138), est une proposition incontestable par elle-même, évidente par elle-même, admise nécessairement par tous les hommes.

Pour qu'il y eût deux axiômes, il faudrait qu'il existât deux propositions incontestables, évidentes par elles-mêmes, etc., et, de plus, complétement indépendantes l'une de l'autre, en ce sens qu'elles n'auraient entre elles d'autre rapport que celui de l'opposition, de la contradiction. Sans cette considération, en effet, l'une de ces propositions se trouverait n'être qu'une conséquence de l'autre, et ne serait donc plus évidente par elle-même : ce qui est contre l'hypothèse.

L'idée de l'existence de deux axiômes nous conduit donc à celle de l'existence simultanée de deux propositions évidentes par elles-mêmes,

incontestables primitivement, et qui se contredisent entre elles : ce qui est absurde.

Il ne peut donc y avoir qu'un axiôme.

141. Mais quel est l'axiôme, s'il y en a un?

Nous avons vu plus haut (113) que les raisonnements simples sont tous incontestables primitivement, parce qu'ils sont l'expression d'un fait qu'il
est impossible de nier, celui de la perception d'une
modification. Tout raisonnement simple se rédui-
sant, en définitive, à la proposition : *Je me perçois, je me sens exister*, cette proposition constitue l'axiôme, ou le point de départ primitif,
obligatoire, de tout raisonnement complexe au
moyen duquel on veut arriver à une conclusion
incontestable.

§ VII. DES SOPHISMES PAR UN DÉFAUT DANS LE RAISONNEMENT.

142. Nous savons à quelles conditions doit
obéir un raisonnement complexe pour que sa
conclusion soit incontestable; nous pouvons
donc passer à l'examen des sophismes qui ont
lieu par inobservation de ces conditions.

143. A cet effet, rappelons les particularités
qu'un raisonnement doit nécessairement offrir
pour qu'il puisse être qualifié d'incontestable.

Il faut :

1° Qu'il consiste dans un enchaînement de
propositions identiques quant à leur valeur;

2° Que ces propositions soient elles-mêmes
constituées par la mise en rapport de deux idées
identiques quant à leur valeur;

3° Que son point de départ soit, ou une proposition incontestée, c'est-à-dire admise comme vraie par ceux qui raisonnent, ou, plus généralement, une proposition incontestable, évidente par elle-même, n'ayant pas besoin de preuve : l'axiome, enfin, quand on veut convaincre tout le monde.

144. Il existe donc plusieurs espèces de sophismes par défaut d'observation de ces règles.

1° Ainsi, il y a sophisme quand l'enchaînement des propositions a lieu par *analogies* et non par identités. Car, dans ce cas, il n'est plus permis de conclure d'une proposition à celle qui suit.

De même, il y a évidemment sophisme lorsque les deux idées mises en rapport dans une des propositions sont analogues seulement, au lieu d'être identiques. Car alors, cette proposition peut être contestée, si même elle n'est absurde.

2° Il y a encore sophisme quand le point de départ du raisonnement est absurde. Car, à moins de mal raisonner, il est impossible, dans une pareille circonstance, d'arriver à une conclusion rationnelle.

3° Quand on prend pour point de départ justement ce qu'il faut démontrer, on fait le sophisme appelé *pétition de principe* ou *cercle vicieux*, qui consiste à supposer vrai précisément ce qui est en doute, ou, comme on dit, à prouver la question par la question.

4° Enfin, on fait encore un sophisme quand, en discutant avec un interlocuteur, on part d'une proposition qu'il n'admet pas comme incontestable ; ou, pour considérer la chose plus en géné-

ral, quand on ne prend pas pour point de départ
la proposition : *Je me perçois.*

Telles sont les différentes formes de sophismes
qu'il est possible de faire quand on ne se con-
forme pas aux règles exigées pour pouvoir arriver à une conclusion incontestable.

§ VIII. Examen de quelques sophismes par défaut
dans le raisonnement.

145. Nous nous proposons de terminer ce
chapitre par l'examen de quelques raisonnements
dont les conclusions sont erronées, parce que les
auteurs ont négligé de se conformer aux pres-
criptions indiquées précédemment. En raison de
l'importance de la question, nous entrerons dans
quelques développements. Nous commencerons
par les sophismes relatifs à la liaison des propositions entre elles.

*Sophismes par enchaînement d'analogies au
lieu d'identités.*

146. Le raisonnement par lequel on attribue
la sensibilité aux animaux est un sophisme de
cette espèce.

On dit, — nous parlons tant des savants que du
vulgaire :

« L'homme est organisé de telle manière ; il
« se comporte de telle sorte dans certaines cir-
« constances. L'homme a le sentiment de l'exis-
« tence : c'est là un fait primitivement incontes-
« table. Les animaux les plus rapprochés de lui
« sont organisés d'une manière *analogue*, ils agis-

« sent d'une manière *analogue* dans les mêmes
« circonstances : ils crient, par exemple, abso-
« lument comme l'homme, quand on les blesse.
« *Donc*, ils ont aussi le sentiment de l'existence.»

Et comme, d'analogie en analogie, on en
arrive à ne pas pouvoir trouver de point d'arrêt
dans la collection des êtres, on en conclut que,
partout où il y a *mouvement*, il y a *sensibilité*;
que le mouvement sert à prouver l'existence de
la sensibilité; ce qui force à soutenir que les
minéraux sont sensibles.

Ainsi ce sophisme, qui consiste à s'appuyer
sur des analogies, conduit à faire admettre que
les idées de mouvement et de sensibilité sont, au
fond, identiques, et à confondre les mouvements
produits par une simple attraction ou répulsion,
avec ceux qui traduisent une modification perçue.

147. Quand M. Fauvety, directeur de la
Revue philosophique et religieuse, nous écrivait,
pour nous prouver l'existence de la sensibilité
chez l'animal: « Coupez-lui un de ses membres,
« et vous verrez s'il ne souffre pas », il était coupable de l'espèce de sophisme que nous étudions.

148. Nous venons de donner un résumé du
raisonnement professé par les savants pour prouver l'existence de la sensibilité partout où il y
a mouvement. Voici ce qui montre que ce résumé est fidèle.

— « M. Leclercq soumet des plantes à l'action du chloro-
forme et de l'éther, dit M. Victor Meunier, et des phénomènes
qui se passent alors, il conclut que les plantes ont un système
nerveux. Elles *sentent*, elles *souffrent*, PAR CONSÉQUENT. »

— On voit aisément à quoi ce raisonnement

se réduit : « Les plantes présentent dans tel cas,
« tels mouvements. *Donc* elles ont un système
« nerveux. *Donc* elles sentent. » Nous voyons
bien là des analogies, mais d'identités, il n'y en
a nulle part.

149. Nous citerons un nouvel exemple de
sophisme par analogies, tiré des ouvrages de
Proudhon.

Dans une lettre que ce publiciste nous a fait
l'honneur de nous adresser, il remarque que *tout
se tient dans ses opinions et ses raisonnements.*
C'est ainsi, du reste, qu'il en doit être en toute
œuvre réellement scientifique. Un pareil ouvrage
est nécessairement, ou du moins devrait toujours
être réductible à un raisonnement complexe,
composé de toutes propositions identiques quant
à la valeur.

Ainsi, puisque tout se tient chez Proudhon,
nous pouvons considérer des propositions extraites
de deux ouvrages différents, comme faisant partie du même raisonnement, et examiner si elles
sont susceptibles d'enchaînement par identités.

150. Nous allons faire cet examen à propos
de la question de l'indispensabilité du capital pour
pouvoir travailler.

— « Il est avéré, dit Proudhon, par tout ce que l'histoire
et l'économie sociale offrent de plus authentique, que l'humanité a été jetée nue et *sans capital* sur la terre qu'elle exploite ;
conséquemment, que c'est elle qui a créé et qui crée tous les
jours toute richesse. »

— Cette assertion de Proudhon est incontestable ; elle découle de l'idée même de capital
(123 à 128). Maintenant, Proudhon aurait-il pu

soutenir qu'il y a un rapport d'identité entre cette
proposition et la suivante?

— « La vérité est que…, la production résulte de ces trois
éléments (terre, capitaux et travail), *également nécessaires*,
mais, pris séparément, également stériles. »

— Évidemment, il n'y a entre ces deux assertions d'autre lien que celui d'une analogie fort
éloignée, ou de la confusion entre les idées de
capital et de sol.

181. Le développement donné par l'auteur à
sa proposition, ne la prouve, du reste, en aucune
manière.

— « La mer, dit-il, sans le pêcheur et ses filets, ne donne
pas de poissons; la forêt, sans le bûcheron et sa cognée, ne
fournit ni bois de chauffage, ni bois de service; la prairie,
sans le faucheur, n'apporte ni foin ni regain. »

— Autant d'erreurs que de phrases. Est-il
impossible de prendre du poisson à la main? Est-
il difficile de casser une branche à la main ou d'ar-
racher de l'herbe?

182. C'est encore au moyen d'un raisonnement
sophistique, par emploi d'analogies, au lieu
d'identités, que l'on prétend démontrer la non-
existence de l'automatisme chez les animaux. On
apporte en preuve le récit de leurs actions dans
telles ou telles circonstances, la complication
quelquefois fort grande de leurs mouvements, etc.
Mais, qu'est-ce que la *liberté?* C'est la possibilité
de faire ou de ne pas faire telle chose, dans un cas
donné. Si donc on ne commence par prouver que
l'animal qui a posé tel acte, aurait pu ne pas l'ac-
complir, de quel droit tire-t-on de cet acte la
conclusion que l'animal n'est pas automate?

On ne peut pas dire : *Un être a fait ceci*, DONC *il est libre.* Il n'y a pas identité entre ces deux propositions. Mais on peut dire : *Un être a fait ceci, et il aurait pu faire cela*, DONC *il est libre.* Il y a ici deux propositions identiques.

183. La prétendue démonstration de l'existence de Dieu, par Descartes, est un sophisme. Écoutons à ce sujet De Gérando.

— « La preuve de l'idée de Dieu se réduit à ceci : *l'idée de la perfection emporte et comprend l'idée de l'existence.* On devait en conclure seulement que, *lorsqu'on a l'idée d'un être parfait, on a aussi l'idée d'un être existant.* Mais, lorsqu'on a l'idée d'un être existant, s'ensuit-il que cet être existe ? Voilà cependant ce que suppose la démonstration cartésienne. »

— Descartes avait donc pris des analogies pour des identités.

184. La preuve par le consentement universel n'a pas plus de valeur logique que celle de Descartes. Voici ce qu'en dit M. Lemesle.

— « On a dit et redit à satiété : « L'histoire de tous les « peuples nous prouve qu'il n'y a rien de plus naturel à « l'homme que l'idée de Dieu ; donc il est un Dieu. » Si cet argument était concluant, celui-ci ne le serait pas moins : Rien de plus naturel à l'homme que les idées fausses ; donc les idées fausses sont des idées justes. »

Sophismes par absurdité du point de départ.

185. La plupart des raisonneurs tombent dans cette espèce de sophismes. Ils posent un principe absurde dont ils se gardent bien d'examiner l'irrationalité, et le prennent comme axiome. Puis, s'ils procèdent par enchaînement d'identités, leur système est complet, parfaitement agencé, mais absurde dans son entier, puisqu'il n'est que l'émanation d'une absurdité.

156. Les philosophes catholiques qui prennent, comme du reste ils sont obligés de le faire, leur Dieu personnel pour point de départ, se trouvent dans ce cas.

157. Proudhon a commis la même erreur que les philosophes dont nous parlons.

— « J'écarterai, dit-il, l'hypothèse panthéistique comme une hypocrisie et un manque de cœur. Dieu est personnel ou il n'est pas : cette alternative est l'axiôme d'où je déduirai toute ma théodicée. »

— Il y a dans ce passage trois fautes grossières.

D'abord, il est absurde d'appeler axiôme une alternative, c'est-à-dire une chose qui fait question, une proposition douteuse, un problème. C'est un sophisme par erreur dans la définition.

Ensuite, le motif allégué pour repousser l'hypothèse panthéistique est absurde, logiquement parlant. Il y a donc sophisme par erreur dans le dénombrement.

Enfin, le prétendu axiôme choisi par l'auteur contient l'absurde, en ce qu'il renferme l'hypothèse de la personnalité divine. Troisième sophisme, cette fois par absurdité du point de départ.

Sophismes par pétition de principe.

158. Prendre pour point de départ d'un raisonnement, précisément ce que l'on cherche à démontrer, c'est un sophisme par pétition de principe.

Pourquoi l'opium fait-il dormir? Parce qu'il a une vertu dormitive. Voilà le type de cette espèce de sophisme, qui est beaucoup plus fréquent que l'on ne pense.

159. Ainsi, voici comment M. Fauvety, dont nous avons parlé plus haut (147), arrive, dans une lettre qu'il nous avait adressée, à démontrer l'existence de la sensibilité chez les animaux.

— « Comment en douterions-nous, s'écrie-t-il, lorsque nous entendons leurs cris de *douleur*, et que nous les voyons se tordre, comme nous, sous les étreintes du mal.... »

— Qui ne voit que la question est précisément de savoir si les animaux sont sujets à la douleur? M. Fauvety pense-t-il qu'il soit possible de souffrir sans sentir?

160. Mais, outre ce sophisme par pétition du principe, il y en a, dans le passage cité, un autre par emploi d'analogies au lieu d'identités. De ce que M. Fauvety a vu les animaux se tordre dans les circonstances où cela arrive à l'homme, il en conclut qu'ils sont sensibles comme nous. Est-ce là bien raisonner? Le mouvement serait-il impossible chez un être qui ne jouirait pas de la sensibilité?

161. Citons un dernier exemple de cette espèce de sophisme.

— « Pourquoi faut-il croire fermement ce que Dieu nous a révélé? demande le catéchisme.

« Parce que, répond-il, Dieu est la suprême et infaillible vérité, et qu'il ne peut ni se tromper, ni nous tromper. »

— Très bien. Mais comment le catéchisme sait-il que Dieu est la suprême et infaillible vérité? Parce que la révélation l'affirme.

Pétition de principe.

Sophismes par choix d'un point de départ qui n'est pas nécessairement admis par tous.

162. Deux interlocuteurs raisonnant seulement l'un pour l'autre, doivent, avons-nous vu (158), partir du même point, choisi du reste exclusivement à leur convenance, et qu'ils ne peuvent obliger personne à accepter, sans démonstration préalable.

Mais du moment qu'un raisonnement s'adresse à tout le monde, il faut adopter un point de départ qui soit nécessairement admis par tout le monde (158) ; il faut, en un mot, que la première proposition soit l'*axiôme*.

161. Voyons si Proudhon a obéi à cette prescription logique.

— « *Le mouvement existe*, dit-il, voilà mon *axiôme* fondamental. De dire comment j'acquiers la notion du mouvement, ce serait dire comment je pense, comment je suis. »

— Comment Proudhon sait-il que le mouvement existe? En le percevant, en se sentant modifié par lui, probablement. Le mouvement aurait beau exister, en effet, que s'il n'y avait personne pour le percevoir, ce serait précisément comme s'il n'existait pas. Son prétendu axiôme est donc incomplet. Il devrait dire: « Le mouvement et la « sensibilité existent. J'acquiers la notion du « mouvement en le percevant. »

164. Bref, un raisonnement destiné à inculquer la même conclusion à tous, doit être un enchaînement d'identités dont le premier anneau est la proposition: *Je perçois mon existence*, parce que

cette proposition est nécessairement incontestée par tous.

103. En terminant cet examen de quelques raisonnements qui sont erronés par suite de l'inobservation des règles relatives à l'enchaînement des propositions et au choix du point de départ, nous devons faire remarquer, comme pour les définitions, que les différentes espèces de sophismes signalées dans ce paragraphe, se confondent plus ou moins les unes avec les autres. Il n'y a réellement, par rapport au mécanisme du raisonnement, que deux sophismes bien distincts : l'un, par défaut d'enchaînement au moyen d'identités, l'autre, par choix d'un point de départ qui n'est pas évident primitivement ou par lui-même.

CHAPITRE III.

De la réalité du raisonnement.

§ I. DE LA NÉCESSITÉ D'UN POINT DE DÉPART DÉFINITIF, POUR TOUT RAISONNEMENT.

166. Au chapitre II, paragraphe V, du présent travail, nous avons traité la question du point de départ de tout raisonnement complexe.

Nous avons vu que ce point de départ devait nécessairement être la proposition : *Je me sens exister*, ou l'axiome, en un mot, pour peu que l'on eût la prétention d'arriver à une conclusion incontestable.

167. Mais, étant donné un raisonnement complexe, enchaîné d'ailleurs par identités, et partant de l'axiome, ou d'une proposition incontestée, ce point de départ est-il suffisant pour rendre la conclusion certaine ? En autres termes, est-on toujours autorisé à affirmer, quand le mécanisme du raisonnement est bon, que ce dont on a l'idée par la conclusion, existe en réalité ?

Non.

Expliquons-nous par des exemples.

168. Nous avons démontré plus haut (125 à 127), que le capital n'est pas indispensable au travail. Nous sommes parti, pour faire cette

démonstration, de la définition des mots *sol*, *capital* et *travail*; et comme ces définitions ne renfermaient rien d'absurde, et qu'elles circonscrivaient chacune une idée parfaitement déterminée, elles pouvaient constituer un point de départ incontestable. Puis, après avoir enchaîné des propositions identiques quant à la valeur, nous sommes arrivé à la conclusion rapportée plus haut.

Le mécanisme du raisonnement auquel nous faisons allusion est parfait, son point de départ incontesté, mais la conclusion est-elle certaine? Voilà ce qu'il faut examiner avec attention.

169. Il est évident que l'incontestabilité de cette conclusion est la même que celle de la proposition dont nous sommes parti. Eh bien, que renferme cette proposition? Une distinction absolue entre l'homme et la matière, distinction que nous avons supposée réelle, car sans cette hypothèse, nous n'aurions eu aucun motif pour ne pas donner à l'homme le nom de capital, au même titre qu'à une machine à vapeur ou à un sac d'écus. Tout notre raisonnement a donc été basé sur une différence essentielle entre l'homme et la matière; et, par conséquent, tant qu'on n'a pas démontré que cette différence est réelle, qu'elle existe réellement, la conclusion : *Le capital n'est pas indispensable au travail*, loin d'être certaine, est purement hypothétique.

170. En effet, admet-on généralement une distinction absolue entre l'homme et le reste des êtres? Non. Loin de là même, les savants actuels prétendent qu'elle ne peut exister, qu'il y

a une série non interrompue depuis l'homme jusqu'à l'atôme. Existe-t-il une définition claire et non absurde de l'expression *homme* ? En aucune façon (53, 88 à 91). Comment veut-on alors pouvoir dire d'une manière certaine que tel être est un homme, et tel autre un capital ? Bien plus : du moment que cette distinction est impossible à faire, l'homme devient nécessairement une espèce particulière de capital. A quoi répond alors l'idée de *travail* ? Et qu'est-ce qui la différencie de celle de *fonctionnement* ?

Ainsi, tant que ces diverses questions ne sont pas résolues, la proposition : *Le capital n'est pas indispensable au travail*, au lieu d'être certaine, n'a même pas le sens commun ; ou, pour parler plus exactement, elle n'a qu'une valeur relative à celle du point de départ : c'est-à-dire qu'elle n'est certaine que si il existe réellement une distinction absolue entre le travail et le capital, l'homme et la matière.

171. En mathématiques, toutes les conclusions des raisonnements sont dans le même cas. On dit, par exemple : *Deux unités plus deux unités font quatre unités.* Le mécanisme du raisonnement au moyen duquel on est arrivé à cette conclusion est irréprochable ; mais elle n'est rien moins que certaine. En effet, ce raisonnement part de l'hypothèse qu'il existe des unités réelles, des êtres réellement indivisibles. Mais y en a-t-il ? C'est ce dont les mathématiques ne s'occupent même pas. Or, tant que cette question n'est pas résolue, la proposition *deux et deux font quatre* n'est pas plus vraie que le point de départ.

Il y a, dit-on encore en mathématiques, tel rapport entre la circonférence et son rayon. Voilà certes une conclusion à laquelle il n'y a rien à objecter, le raisonnement par lequel on y arrive étant incontestable sous le rapport du mécanisme. Mais existe-t-il des circonférences et des rayons ? Et s'il n'y en a pas, que devient le rapport dont on parle ?

— « Ce qu'on appelle *vérités* mathématiques, a fort bien dit Buffon, se réduit à des identités d'idées, et n'a *aucune réalité*. »

— Il en est nécessairement ainsi, tant que l'unité, dont toutes les vérités mathématiques sont des déductions, n'est pas prouvée exister réellement.

172. Et il en est absolument de même en science sociale. Aussi longtemps que la sensibilité, base de la perception de l'existence dont toutes les vérités philosophiques et sociales doivent être des déductions, n'est pas démontrée être autre chose qu'une résultante matérielle, les conclusions auxquelles on peut parvenir n'impliquent en aucune manière l'existence de ce dont on a l'idée.

Supposons, par exemple, que, en partant de la proposition : *Je me sens exister*, et en marchant par enchaînement d'identités, nous soyons parvenu à la conclusion X = V ; cette conclusion sera évidemment aussi incontestable que le point de départ, comme exprimant un rapport entre deux idées. Mais quant à la chose dont ces idées sont l'image, existe-t-elle réellement ? La conclusion ne le prouve en aucune façon. Pour que cette existence réelle fût prouvée, il faudrait que celle de la sensibilité le fût préalablement ; c'est-à-dire que la sensibilité devrait être démontrée ne pas consister exclusivement en une résultante matérielle. Or, c'est une question que le point de départ provisoire n'aborde même pas.

173. Et puis, si la sensibilité, base de la perception de l'existence, est matérielle, par conséquent *temporelle*, quelles conclusions *éternelles* peut-on en tirer ? On arrive nécessairement alors, comme les partisans du progrès continu, à des vérités qui changent du jour au lendemain. Et si la sensibilité, base de la perception de l'existence, est matérielle, par conséquent *différente* chez chaque personnalité, comment veut-on obtenir des conclusions *identiques* pour tous, *communes* à tous ? On doit admettre alors qu'il n'y a que des vérités de sentiment, particulières à chaque raisonneur.

174. Résumons la discussion à laquelle nous nous sommes livré dans le courant de ce paragraphe.

L'axiôme, ou la proposition : *Je me perçois existant*, que nous avons considéré jusqu'à présent comme le point de départ obligé de tout bon raisonnement, est excellent pour que le mécanisme de ce raisonnement soit parfait, mais complétement insuffisant pour arriver à la certitude. Cette proposition primitivement incontestable ne peut servir que de point de départ *primitif* ou *provisoire*.

Il faut, pour pouvoir obtenir des conclusions certaines quant à la réalité de ce dont on raisonne, avoir un point de départ *secondaire* ou *définitif.*

178. Le lecteur attentif aura déjà compris que ce deuxième point de départ doit nécessairement consister dans la proposition : *La sensibilité est immatérielle.*

C'est, du reste, le résultat auquel nous allons arriver de nouveau en suivant un autre chemin.

§ II. DE L'INTELLIGENCE APPARENTE ET DE L'IN-TELLIGENCE INCONTESTABLE ; DE L'INTELLIGENCE AUTOMATIQUE ET DE L'INTELLIGENCE LIBRE.

176. La première condition pour que la conclusion d'un raisonnement soit légitime, c'est que le raisonneur soit capable de raisonner librement et non pas automatiquement.

Nous allons examiner, dans ce qui va suivre, s'il y a plusieurs espèces de raisonnement, en considérant le raisonnement relativement à l'être qui raisonne; et nous dirons ce qu'il faut entendre par intelligence ou raison apparente, incontestable, automatique et libre.

177. Supposons une aiguille aimantée placée en équilibre sur un pivot, de manière à pouvoir se mouvoir en tous sens. A peine abandonnée à elle-même, elle se place dans la direction du nord au sud.

Voilà un mouvement qui a lieu en vertu de la modification subie par l'aiguille de la part du globe terrestre, mouvement qui traduit cette modification aux yeux de l'observateur.

C'est une espèce de langage, au moyen duquel

l'aiguille aimantée indique qu'elle a été impression-
née ; c'est une espèce de raisonnement, par lequel
elle se met en rapport avec les êtres qui l'entourent.

Mais, d'abord, a-t-elle ou conscience de la
modification qu'elle a éprouvée de la part du
magnétisme terrestre ; et ensuite, aurait-elle pu
la manifester d'une manière différente? Aurait-
elle été capable de raisonner autrement, de se
tromper, de montrer, par exemple, la direction
de l'est à l'ouest?

Non, va-t-on me répondre, cet aimant ne *sent*
pas, et il a agi *nécessairement*.

178. Supposons qu'un chien ait été puni pour
s'être emparé d'une chose vers laquelle il éprou-
vait une forte attraction, et qui ne lui était pas
destinée. Les coups qu'il a reçus lui ont arraché
des cris, et l'ont mis en fuite.

Voilà des mouvements qui ont lieu en vertu
d'une modification subie par le chien, mouvements qui traduisent cette modification aux yeux
de l'observateur.

C'est une espèce de langage, au moyen duquel
l'animal indique qu'il a été modifié; c'est une
espèce de raisonnement, par lequel il exprime
aux êtres qui l'entourent combien cette modification lui a été désagréable.

Mais, a-t-il senti l'attraction qui l'a modifié, et
aurait-il pu ne pas succomber à la tentation?
A-t-il senti les coups qu'on lui a donnés? Aurait-il
pu ne pas crier? Aurait-il été capable de feindre
du plaisir au lieu d'exprimer de la douleur?

Oui, dira-t-on. Le chien jouit de la *sensibilité*
et il agit *librement*.

179. Si, plus tard, ce chien se retrouve en présence de ce qui l'avait attiré une première fois, on le verra, après quelques hésitations, ou apparences d'hésitation, se retirer sans y toucher.

Voilà encore un mouvement qui a lieu en vertu d'une modification subie par le chien, mouvement qui traduit cette modification aux yeux de ceux qui l'observent.

C'est toujours une espèce de langage, au moyen duquel cet animal montre qu'il ne désire plus être aussi péniblement modifié qu'il l'a été antérieurement; c'est une espèce de raisonnement, par lequel il se met en rapport avec les êtres qui l'entourent, en leur faisant connaître qu'il a lié ensemble les idées de désobéissance et de punition.

Mais, — et ce sont toujours les mêmes questions qui se représentent, — ce chien a-t-il eu conscience de la nouvelle attraction à laquelle il a été soumis, ainsi que de la conservation dans la mémoire du mauvais traitement qu'il a subi une première fois; ensuite, aurait-il pu surmonter la répulsion qu'il a pour les coups de bâton et désobéir à son maître? Aurait-il été capable de raisonner autrement qu'il ne semble l'avoir fait?

Oui, répondra-t-on encore une fois. Les animaux *sentent*, et sont *libres*.

180. Nous n'examinerons pas ici cette question. Plus tard nous prouverons que, tout au contraire de ce que l'on affirme, les animaux ne sentent pas, et par conséquent ne sauraient être libres. Nous voulons seulement faire voir, pour le moment, qu'il peut y avoir plusieurs espèces

de langage, plusieurs espèces de raisonnement, suivant que l'être dont on parle sent ou ne sent pas, et jouit ou ne jouit pas de la liberté.

181. Trois cas, en effet, peuvent se présenter, aussi longtemps que nous sommes dans l'ignorance sur la nature de la sensibilité. Ce sont : 1° celui d'un être qui ne sent pas ; 2° celui d'un être qui sent, et n'est pas libre ; 3° celui enfin d'un être qui sent et qui jouit de la liberté. Et à ces trois espèces d'êtres doivent correspondre trois espèces particulières de langage et de raisonnement.

182. Nous avons donc ici des idées bien distinctes, bien circonscrites, exigeant, pour éviter toute logomachie, des expressions spéciales.

Donnons en conséquence le nom de langage *apparent* ou *illusoire*, au mode de manifestation de l'être qui ne sent pas, en employant celui de langage *incontestable* quand il s'agit des êtres qui sentent ; et ajoutons à cette dernière espèce de langage les épithètes d'*automatique* ou *nécessaire*, et de *conventionnel* ou *libre*, suivant qu'il appartient à un être agissant nécessairement ou librement.

Appelons de même, raisonnement *apparent* ou *illusoire*, celui qui est l'expression de l'être qui ne sent pas ; et, en réservant le nom d'intelligence *incontestable* à celle qui appartient aux êtres sentants, ajoutons les épithètes d'*automatique* ou *nécessaire*, et de *réel* ou *libre*, quand il s'agira respectivement des êtres qui agissent nécessairement ou avec liberté.

183. Il est évident que le langage automa-

tique, et le raisonnement automatique, ne sont que de simples fonctionnements organiques, de purs résultats de l'organisation, quelles que puissent être les apparences contraires. Il en est de même du langage et du raisonnement illusoires. Sous ce rapport, ces deux espèces de langage et de raisonnement se confondent complétement.

184. Maintenant, l'homme sent, c'est évident ; aussi chez lui ne peut-il être question que de langage et de raison incontestables. Mais est-il libre ? Quand un homme traduit une modification perçue, aurait-il pu dire autre chose que ce qu'il a dit ? A-t-il employé un langage conventionnel, ou n'est-il capable que du langage purement automatique, comme celui de l'aimant ? Quand l'homme raisonne, est-ce réellement ou automatiquement ? Le choix du point de départ, l'enchaînement des propositions, la conclusion, tout cela a-t-il lieu nécessairement, comme l'indication de l'heure par une pendule, ou comme les mouvements d'un automate ? En un mot, le raisonnement, chez l'homme, est-il simplement le fonctionnement d'un organisme développé au suprême degré, la sécrétion d'un cerveau plus délicat ?

Et si l'homme n'est pas capable de raisonner réellement, quelle valeur peut avoir son raisonnement, quant à la démonstration de l'existence de n'importe quoi ?

185. Nous venons de poser la question : *L'homme est-il libre*, ce qui implique la possibilité qu'il ne le soit pas. Nous savons bien que cette possibilité n'est pas généralement acceptée, même par ceux qui devraient logiquement l'admettre, en raison

de leur point de départ. Mais elle est loin d'être absurde, rien ne s'opposant à ce que nous eussions seulement les apparences de la liberté. Il nous arriverait alors ce qu'un écrivain célèbre a si bien expliqué.

— « Nous croyons toujours, a dit Madame de Sévigné, qu'il dépend de nous de faire ceci ou cela ; ne faisant point ce qu'on ne fait pas, on croit cependant qu'on l'aurait pu faire. »

186. — Quoi qu'il en soit, les partisans de la liberté se sont basés jusqu'aujourd'hui sur un raisonnement sophistique. On a dit, en effet : *Je me sens libre, il me semble que je suis libre,* DONC *je suis libre.* Or, il n'y a pas là raisonnement par identités ; il y a tout simplement conclusion de *l'apparence* de liberté, à la *réalité* d'existence de la liberté.

187. C'est ce que l'on comprendra encore mieux en cherchant ce que c'est qu'un être susceptible de liberté. Examinons cette question.

Un être libre, c'est un être qui n'agit pas nécessairement ; qui n'est pas et ne peut jamais être forcé à faire telle action plutôt que telle autre ; qui est cause réelle ; sur lequel une autre cause ne peut jamais agir ; qui ne peut jamais être effet ; qui existe éternellement ; qui est donc indivisible, un, immatériel(*).

_____

(*) On verra plus tard, dans la seconde partie de la *Logique*, que cet être ne peut jouir de la liberté que lorsqu'il se trouve placé dans certaines circonstances qui seront alors déterminées. Mais il n'en est pas moins vrai que la condition fondamentale de la liberté, pour un être, c'est l'indépendance de la matière, ou l'immatérialité.

Et, en même temps, un être libre, c'est un être susceptible de choisir entre deux choses, devant par conséquent percevoir ces deux choses ; c'est donc une sensibilité.

C'est, du reste, incontestable encore à un autre point de vue, puisque la sensibilité seule peut être immatérielle (122).

Ainsi, pour pouvoir démontrer que l'homme est libre, il faut prouver que la sensibilité est immatérielle. Or, c'est ce que le raisonnement critiqué ci-dessus : *Je me sens libre, donc je suis libre*, ne fait pas.

188. Nous pouvons maintenant résumer le présent paragraphe.

Pour que la conclusion d'un raisonnement soit certaine, il faut que le raisonnement soit réel. Pour que le raisonnement soit réel, il faut que l'homme soit libre. Pour que l'homme soit libre, il faut que la sensibilité soit immatérielle.

En conséquence, l'axiome ou la proposition *Je me perçois*, ne peut jamais constituer que le point de départ provisoire de tout raisonnement visant à l'incontestabilité réelle. Le point de départ définitif, d'une nécessité absolue, est la proposition : *La sensibilité est immatérielle*.

§ III. MARCHE THÉORIQUE POUR ARRIVER AU POINT DE DÉPART DÉFINITIF.

189. Nous venons de voir, dans les deux paragraphes précédents, qu'il est absolument nécessaire d'avoir un point de départ définitif, une base solide, inébranlable, pour tout raison-

nement au moyen duquel on désire parvenir à l'incontestabilité. Nous devons maintenant examiner comment on doit arriver à la connaissance de ce point de départ, et quels sont ses avantages.

Tel sera le sujet du présent paragraphe. Car, quoique nous nous proposions de consacrer la seconde partie tout entière à l'étude de la marche à suivre pour pouvoir démontrer que la sensibilité est immatérielle, — et bien que nous nous proposions d'entrer alors dans tous les détails qui pourraient être nécessaires à son élucidation, — il ne sera cependant pas inutile d'indiquer dès à présent, d'une manière purement théorique, comment il faut s'y prendre pour résoudre ce problème.

190. La première chose à faire, au début de tout raisonnement, c'est de *supposer* que nous sommes capables de raisonner en réalité; sans cela, il n'y a pas moyen d'aller plus avant.

En effet :

Il n'existe, relativement à notre capacité de raisonner réellement, que deux cas possibles, partant, que deux hypothèses possibles.

Ou nous raisonnons librement;

Ou nous raisonnons automatiquement, comme une machine fonctionne.

Or, si nous commencions par supposer que nous ne raisonnons qu'automatiquement, ne nierions-nous pas, par cela même, toute possibilité d'arriver à une conclusion certaine? Ne deviendrait-il pas dès lors complétement inutile de raisonner?

6

Et si nous ne faisons aucune hypothèse à ce sujet, cela ne revient-il pas, dans la pratique, complétement à la même chose?

Il ne reste donc que ceci : supposer que nous sommes des raisonneurs réels, et non des automates qui raisonneraient comme une machine fonctionne.

191. Cette hypothèse étant faite, il faut partir de l'axiôme, ou de la perception de l'existence, et marcher, par enchaînement d'idées identiques, jusqu'à ce que l'on parvienne à la proposition : *La sensibilité est immatérielle.*

192. Pour cela, il faut d'abord convenir du sens à donner aux expressions *matière* et *sensibilité*; puis, rechercher quel est le caractère essentiel de tout ce qui est matière.

Or, nous avons vu (40) que la matière, c'est tout ce qui modifie la sensibilité, tandis que celle-ci, c'est ce qui est susceptible de percevoir des modifications.

193. La matière nous apparaît donc uniquement comme mouvement, changement, transformation incessante; par conséquent, chaque partie de matière est temporelle, divisible.

La divisibilité, telle est l'essence de tout être matériel.

194. Pour démontrer que la sensibilité est immatérielle, il faut donc arriver à établir qu'elle est indivisible.

195. Mais, parmi l'immense quantité d'êtres qui nous apparaissent, il y en a beaucoup qui peuvent être divisés en plusieurs parties, jouissant chacune des propriétés du tout. Beaucoup

d'êtres vivants donnent même naissance, par la section, à de nouveaux êtres également doués de la vie.

Ceci posé, si la sensibilité existe partout·où l'on constate la vie, elle est donc divisible, elle est matérielle.

En conséquence, pour prouver que la sensibilité est immatérielle ou indivisible, il faut établir qu'elle n'existe pas chez tous les êtres.

En autres termes : démontrer que la sensibilité n'existe pas partout où il y a vie, a pour résultat que la sensibilité est immatérielle.

196. Mais pour pouvoir affirmer, d'une manière incontestable, que la sensibilité n'est pas répandue partout, que tels êtres n'en présentent que les *apparences*, il est absolument nécessaire de savoir à quels signes on reconnaît, chez un être donné, la présence d'une sensibilité *plus qu'apparente*.

Il est clair qu'une fois en possession de ce moyen de juger de la réalité du sentiment, rien n'est plus aisé que de diviser l'ensemble des êtres en deux parties : l'une renfermant tous ceux qui sont sensibles en apparence seulement, l'autre, tous ceux qui, comme nous, sont sensibles en réalité.

197. Comme nous ne pouvons avoir connaissance d'un être qu'au moyen des impressions qu'il excite en nous, ou par ses manifestations, il est évident que le signe auquel on peut reconnaître que l'on a affaire à une sensibilité réelle, — qu'elle soit matérielle ou immatérielle, cela ne change pas la question, — doit consister en un

mode particulier de manifestation. Ce mode particulier, c'est le langage, ou le *verbe*.

198. Alors, du moment que l'on est parvenu à constater que le verbe se développe nécessairement partout où il y a sensibilité plus qu'apparente, placée dans telles et telles circonstances, il est certain que partout où ces circonstances existent, et que malgré cela le verbe ne se développe point, cela provient uniquement de ce qu'il manque une des conditions indispensables à son développement, c'est-à-dire, de ce qu'il n'y a pas là de sensibilité réelle.

199. Il ne reste alors qu'à prouver que chez tous les êtres, jusques et y compris les animaux supérieurs, le verbe n'existe point.

200. Cela fait, il en résulte que la sensibilité plus qu'apparente se trouve exclusivement chez l'homme, et que par conséquent elle est immatérielle.

201. Le raisonnement qui relie le point de départ définitif au point de départ provisoire, ou à l'axiôme, se rapporte exclusivement aux sciences physiques, matérielles : d'abord parce que, avant d'être arrivé à la démonstration de l'existence des immatérialités, il ne peut y avoir que des connaissances relatives à la matière ; ensuite, parce que l'unique moyen de connaître l'opposé de la matière, ou l'immatérialité, c'est de savoir ce que c'est que la matière, dans tous ses modes de manifestation.

202. Obtenue de cette manière, la proposition *La sensibilité est immatérielle*, a plusieurs avantages.

D'abord, elle est aussi évidente pour chacun, que le sentiment de sa propre existence.

Ensuite, elle montre que l'hypothèse primitive, celle de notre aptitude à raisonner réellement, par laquelle on avait été obligé de débuter, doit être désormais remplacée par la certitude que nous sommes des raisonneurs réels; puisque l'existence d'une immatérialité dans l'homme est la condition essentielle de la réalité de son rai-sonnement.

De plus, elle rend certaines toutes les conclu-sions auxquelles on peut arriver par des raison-nements ultérieurs.

Enfin, elle leur fournit une base réelle.

Cette proposition remplit donc les conditions exigées pour pouvoir constituer le point de départ définitif (172, 188).

§ IV. REMARQUES SUR LA DÉMONSTRATION DE L'EXIS-
TENCE DU RAISONNEMENT RÉEL. — DU SYLLOGISME.

203. Il ne sera pas complétement inutile de placer ici quelques observations au sujet de la manière dont on a essayé, jusqu'à présent, de montrer la légitimité de la raison, ou la réalité du raisonnement, et de la comparer à la marche que nous avons proposée pour arriver à ce résultat.

204. Le raisonnement que les philosophes ont fait pour y parvenir se résume toujours, nécessairement, en un sophisme.

En effet :

Jusqu'à l'époque actuelle, tous les philosophes,

sans exception possible, ont été partisans du spiritualisme ou du matérialisme, c'est-à-dire qu'ils ont accepté, soit l'existence d'une immatérialité, soit l'absence d'une immatérialité chez l'homme.

On conçoit qu'il ne peut pas exister de troisième secte philosophique.

Mais les spiritualistes ont toujours admis, en même temps, que cette prétendue immatérialité, loin d'avoir préexisté, avait été créée par un être tout-puissant, infiniment intelligent, etc, etc...., en un mot par un Dieu anthropomorphe.

De sorte que les systèmes philosophiques qui ont paru jusqu'à ce jour, rentrent tous dans les deux théories suivantes : l'anthropomorphisme et le matérialisme.

205. Si nous nous rappelons maintenant, d'une part, que la condition essentielle du raisonnement réel est l'existence d'une immatérialité chez l'homme (188), et de l'autre, qu'un être créé ne peut pas être libre (99), par conséquent ne peut raisonner réellement, nous concevrons facilement pourquoi tous les philosophes, soit anthropomorphistes, soit matérialistes, se sont trouvés dans l'incapacité absolue de démontrer la légitimité du raisonnement, et par suite, l'existence de n'importe quoi.

Ils n'ont possédé ainsi, ni la certitude que leur raisonnement était réel, ni un point de départ définitif qui pût présenter une base solide à leurs raisonnements subséquents. Aussi ont-ils toujours été contraints d'émettre seulement des opinions, des croyances, des assertions sans preuves, de « céder au sentiment » enfin, comme dit Pascal.

— « Tout notre raisonnement, a écrit cet auteur, se réduit à céder au sentiment. Mais la fantaisie est semblable et contraire au sentiment; semblable, parce qu'elle ne raisonne point, contraire, parce qu'elle est fausse ; de sorte qu'il est bien difficile de distinguer entre ces contraires. L'un dit que mon sentiment est fantaisie, et que sa fantaisie est sentiment, et j'en dis de même de mon côté. On aurait besoin d'une règle. La raison s'offre, mais elle est pliable à tous sens, et ainsi il n'y en a point. »

206. — Aussi longtemps qu'il n'existe pas une première proposition réellement incontestable, pouvant servir de principe ou de source à d'autres propositions, incontestables à leur tour par cela même, il est clair que la raison ne peut pas être prise pour règle.

207. Voici les observations de Lamennais à propos de ce passage de Pascal.

— « Ajoutez à cela l'impuissance absolue de raisonner, si l'on ne part d'un premier principe qu'on suppose sans le démontrer, d'un axiome que l'on convient d'appeler évident, et qui peut n'être, comme je l'ai fait voir, qu'une erreur plus ou moins insurmontable pour nous. Ainsi, notre logique manque de base, elle s'appuie uniquement sur des hypothèses gratuites, aussi douteuse elle-même que ces hypothèses ; car d'où tirerons-nous l'assurance qu'il existe un rapport nécessaire, immuable entre la vérité et certaines opérations de l'esprit ? »

208. — Tout ce que dit ici Lamennais est fort juste, si on le rapporte à la manière dont on a raisonné jusqu'à ce jour; mais n'est plus exact, une fois qu'on l'applique à la marche que nous avons indiquée.

En effet, nous partons d'une proposition primitivement incontestable pour tous (140), et non pas d'une proposition que nous serions convenus d'appeler évidente. Puis, après avoir reconnu quelles sont les conditions nécessaires à l'existence du raisonnement réel (188), nous examinons, en nous appuyant sur l'axiôme, si ces conditions existent chez nous. Dès que nous avons découvert que nous sommes réellement capables de raisonner, nous avons là une première proposition rendue aussi incontestable vis-à-vis de chacun que l'est le sentiment de sa propre existence, et pouvant servir désormais de point de départ définitif, ou de base, pour toute autre proposition que l'on peut en déduire par enchaînement d'identités.

Ainsi notre logique ne manque jamais de base : elle en a d'abord une provisoire, l'axiôme ou la perception de l'existence, qui est un fait que nul ne peut contester ; elle a une seconde base, cette fois-ci définitive, dès que la sensibilité a été reconnue être immatérielle.

209. Nous continuons à citer Lamennais :

— « Les règles du raisonnement, relativement à notre nature, ne sont peut-être pas moins fautives que les premières notions, d'où on les déduit ; et nous ignorons si notre logique, au lieu d'être un instrument de vérité, n'est point une théorie de l'erreur. »

— Il en est nécessairement ainsi, tant que la source de la logique, la puissance de raisonner réellement, n'a pas été établie. Au contraire, une fois notre capacité de raisonnement réel reconnue, la logique devient le moyen d'extraire, de cette source, toutes les vérités.

210. Lamennais va montrer que le raisonne-

ment au moyen duquel on a toujours voulu prouver la légitimité de la logique, n'a jamais été qu'une pétition de principe (158) :

— « Dire que la raison en démontre l'infaillibilité, c'est ne rien dire ; car cette démonstration prétendue suppose l'infaillibilité même qu'il s'agit de démontrer. »

— C'est très-juste, pour ce qui regarde la manière de raisonner usitée jusqu'aujourd'hui ; mais cette critique ne peut s'appliquer à la méthode que nous soutenons.

211. Nous avons d'abord supposé que nous sommes capables de raisonner plus qu'automatiquement ; et nous nous sommes demandé ce que doit être la raison réelle. Nous avons reconnu qu'il ne peut y avoir raisonnement réel, que par l'existence d'une immatérialité chez l'homme. Il faut rechercher ensuite si cette immatérialité existe, en usant d'un mode de raisonnement qui donne une conclusion aussi évidente que le point de départ. C'est seulement après avoir ainsi constaté que la sensibilité est immatérielle, que nous possédons la certitude de l'infaillibilité de la raison.

212. Montaigne avait déjà prétendu, d'après Lamennais, qu'il n'y a pas possibilité de raisonner autrement que par pétition de principe :

— « Prouver la raison par la raison est un sophisme commun à toutes les philosophies, et, comme le remarque Montaigne, nul moyen d'éviter ce cercle vicieux.

« Puisque les sens, dit-il, ne peuvent arrêter notre dispute, étant pleins eux-mêmes d'incertitude, il faut que ce soit la raison ; aucune raison ne s'établira sans une autre raison ; nous voilà à reculons jusques à l'infiny. »

— Prouver la réalité de la raison, par la raison, est évidemment un sophisme par cercle vicieux. Mais prouver la réalité de la raison en démontrant que la sensibilité est immatérielle, n'est plus une pétition de principe. Et ce résultat peut s'obtenir, sans remonter de raison en raison jusqu'à l'infini, en s'arrêtant à la première et à la plus simple de toutes les pensées : *la perception de l'existence.*

213. Lamennais va critiquer, et avec beaucoup de logique, la célèbre proposition de Descartes :

— « Quand donc Descartes essayant de sortir de son doute méthodique, établit cette proposition : Je pense, donc je suis, il franchit un abîme immense et pose au milieu des airs la première pierre de l'édifice qu'il entreprend d'élever ; car, à la rigueur, nous ne pouvons pas dire *je suis*, nous ne pouvons pas dire *donc*, ou rien affirmer par droit de conséquence. »

— Lamennais a parfaitement raison. Tant que nous ne savons pas si nous sommes, oui ou non, capables de raisonner réellement, aucune affirmation n'est légitime de notre part.

214. Quelques mots à propos du syllogisme ne seront pas déplacés ici.

— « Tout syllogisme, a dit De Maistre, est une équation. Ce qui arrive dans les mathématiques a lieu dans toutes les sciences. On cherche à comparer l'*inconnue* à une *connue*, et dès que l'*égalité* est prouvée, l'inconnue est nommée, c'est-à-dire connue......... N'est-ce pas la même chose de dire : $5 + 5 = 10$, ou de dire : tout nombre est égal au double de sa moitié ; or, 5 est la moitié de 10, donc, etc..... »

215. — Ce que dit De Maistre est fort sage. Mais il faut remarquer que dans l'ordre moral, dans ce qui ne se rapporte pas exclusivement à la matière, on n'a pas eu jusqu'à présent une

seule *connue* qui puisse servir de terme de comparaison. Donc, jusqu'aujourd'hui, le syllogisme a été impossible dans l'ordre moral. De plus, dans l'ordre physique ou matériel, il n'y a pas deux êtres *absolument égaux*. Donc le syllogisme est toujours impossible dans l'ordre physique. Dans les mathématiques, enfin, où le syllogisme réel a existé jusqu'à ce jour exclusivement, il ne subsiste que par la supposition qu'il y a de véritables unités (171) (*).

216. Que faut-il donc pour que le syllogisme puisse trouver sa place dans l'ordre moral? Il faut arriver à établir une *connue* à laquelle on puisse comparer les propositions dont la valeur est inconnue. Il faut établir que les sensibilités sont immatérielles, c'est-à-dire toutes identiques et indivisibles, de façon à constituer des unités véritables. Alors seulement on peut avoir des *équations*.

217. Proudhon a fait du syllogisme, comme on l'a entendu jusqu'à présent, une critique très-fondée. Nous allons en donner quelques extraits:

— « Tout homme est mortel.
« Or, Pierre est homme.
« Donc Pierre est mortel.
« Certes, il serait difficile de citer un meilleur syllogisme. La conclusion est sûre, et il n'entre pas dans mon esprit de la contester; je dis seulement que cette démonstration, d'une vérité certaine, ne vaut absolument rien.
« Le vice radical de tout syllogisme est que la majeure est une *hypothèse*, qui, loin de donner la certitude à la conséquence, la reçoit d'elle au contraire. En effet, *tout homme*,

---

dit-on, *est mortel*......... Je me borne à demander comment s'est faite la démonstration ? Sans doute en recherchant quels individus réunissent les caractères de mortalité, puis en formant, de ces individus, un groupe ou genre qu'on aura appelé groupe des mortels ou des hommes. Il n'y a pas d'autre marche à suivre. Donc, puisque le genre n'est autre que la collection des espèces, la certitude du particulier est antérieure à la certitude du général; donc rigoureusement la majeure de tout syllogisme n'est elle-même qu'un cercle vicieux ou une pétition de principe. »

218. — Il n'y a rien à objecter à tout ce qu'avance Proudhon contre le syllogisme actuel. C'est seulement quand la majeure du syllogisme sera la vérité, et non une proposition hypothétique, que le syllogisme acquerra une valeur incontestable.

§ V. Du point de départ définitif. — De la vérité. — Du critérium de vérité.

219. Nous venons de voir que le point de départ définitif de tout raisonnement visant à l'incontestabilité est, de nécessité absolue, la proposition : *La sensibilité est immatérielle.*

Nous allons examiner, dans le courant du présent paragraphe, quelles sont les conséquences de l'emploi de ce point de départ définitif.

Mais disons préalablement quelques mots sur la nature des propositions, et précisons quelques expressions (*).

220. Parmi toutes les propositions qu'il est

(*) Dans ce qui va suivre, il ne sera question que des propositions qui sont les conclusions d'un raisonnement complexe.

possible d'énoncor, il en est deux espèces qu'il faut considérer spécialement.

Les unes peuvent toujours être mises en doute, ou même renversées, par un examen plus ou moins long : ce sont les propositions *contestables*.

Les autres se trouvent dans le cas de ne pouvoir jamais être révoquées en doute. Ce sont les propositions *incontestables*.

221. Une proposition contestable qui a été contestée, puis renversée, est une proposition *fausse*, ou une *erreur*.

222. Toute proposition contestable, mais incontestée, est un *préjugé*, une *opinion*, un *sentiment*.

Un ensemble de propositions contestables, mais incontestées, forme une *croyance* ou une *foi*.

223. Au contraire, toute proposition incontestable vis-à-vis de chacun, est *vraie* ; elle constitue une *vérité*.

L'ensemble des propositions incontestables forme la *science*.

224. Il suit de là que *croire*, c'est admettre comme vraie une proposition contestable, tandis que *savoir*, c'est accepter comme vraie une proposition qu'il est impossible de contester.

225. *Démontrer*, c'est faire voir, par un enchaînement de propositions dont nous avons étudié le mécanisme au chapitre II, que ce dont il est question est aussi incontestable que le sentiment que chacun a de sa propre existence.

Mais toujours, bien entendu, — et cette condition est obligatoire pour que la démonstration

soit valable, — après avoir constaté que l'homme est réellement capable de raisonner, ou que la sensibilité est immatérielle.

226. Il résulte de ces prémisses que, jusqu'aujourd'hui, il n'y a encore eu que des préjugés, des opinions, des croyances et des sentiments, et que la science n'a pas encore existé, au moins socialement parlant ; puisque la démonstration de l'immatérialité de la sensibilité est encore bien loin de se trouver généralement connue.

227. La science ne peut avoir d'existence réelle qu'à partir du moment où l'on a établi d'une manière inébranlable la proposition : *La sensibilité est immatérielle,* ou celle-ci de même valeur : *Toutes les sensibilités sont identiques.* Alors, quand on déduit de cette proposition fondamentale, en raisonnant toujours par identités, d'autres propositions qui, par conséquent, sont aussi incontestables que celle-là, ces nouvelles propositions sont aussi des vérités, mais des vérités *par déduction.*

228. En mathématiques, on trouve la même chose. *Deux et deux font quatre, deux fois cinq font dix,* etc., sont des vérités par déduction, pouvant toutes se ramener à la vérité fondamentale UN ÉGALE UN.

229. Voici encore une autre conséquence des prémisses établies plus haut : toutes les propositions que l'on peut déduire de l'axiome ou du point de départ primitif, sont bien incontestables en ce sens, que tout être qui se perçoit est obligé de les admettre, mais, en général, elles ne sont pas réellement incontestables, d'une certitude absolue. En effet, n'est-il pas toujours permis d'objecter à celui qui les énonce : *Comment voulez-vous que j'accepte ce que vous me dites, puisque vous n'êtes pas même en mesure de me démontrer que vous êtes réellement capable de raisonner?* Tant que cette démonstration n'est pas faite, ne peut-on pas considérer l'homme, suivant l'expression de Proudhon, comme un *ressort pensant*, et sa pensée comme une *modification de la matière*, comme la *réflexion de la nature?*

230. Il n'y a qu'une seule proposition, tirée du point de départ primitif, qui ne se trouve pas dans le cas dont nous venons de parler, c'est-à-dire, qui soit absolument certaine; c'est la proposition : *La sensibilité est immatérielle.* Car, elle est d'abord aussi évidente que la perception de l'existence pour celui qui raisonne, puisqu'elle en provient; et, ensuite, elle prouve que l'hypothèse première par laquelle on avait dû débuter, à savoir que nous sommes réellement capables de raisonner, doit être remplacée par la certitude que nous possédons cette capacité.

231. Revenons au point de départ définitif.

Nous avons déjà indiqué brièvement (190 à 200), et nous y reviendrons avec plus de détails dans la seconde partie de la *Logique*, comment on parvient à établir l'immatérialité de la sensibilité. Nous supposerons ici que l'on est arrivé à ce point.

232. La proposition *La sensibilité est immatérielle*, en raison de son origine et de sa signi ·

fication, est donc une proposition incontestable, une vérité (223).

C'est même, logiquement parlant, — on l'a déjà compris, — la première vérité de toutes, au moins pour les vérités positives, puisque, sans elle, il n'y a pas de certitude possible (188).

233. Mais toute autre proposition que l'on déduit de cette vérité première, par enchaînement d'identités, est aussi incontestable qu'elle, est aussi vérité, par cela même.

234. Au contraire, une proposition que l'on ne pourrait pas ramener au moyen d'un enchaînement de propositions identiques à cette vérité première, serait, par ce motif, essentiellement contestable.

235. Il suit de là que la proposition *La sensibilité est immatérielle*, peut servir de moyen de savoir si telle ou telle proposition est, oui ou non, vraie; et, de plus, que cette proposition seule jouit de cet avantage. Elle constitue donc le moyen de juger de la vérité de toute proposition. Elle est, en un mot, ce que l'on nomme le *critérium* de certitude ou de vérité.

236. Arrêtons-nous un moment sur cette idée de critérium.

Nous avons vu que les propositions douteuses se divisent en propositions vraies et en propositions fausses. Ces dernières ont évidemment pour critérium l'absurde; il suffit, en effet, de pouvoir réduire une proposition, par transformations successives, à une absurdité, pour qu'il soit prouvé, par cela même, qu'elle est erronée. Mais, pour ce qui regarde les propositions vraies, elles ne peuvent avoir d'autre critérium qu'une vérité. Il serait ridicule, en effet, pour s'assurer si telle proposition que l'on examine, est, oui ou non, l'expression de la vérité, de la comparer avec une assertion douteuse ou avec une erreur.

237. Passons à une autre conséquence du point de départ définitif.

Il est à remarquer, tout particulièrement, que si la vérité était en dehors de l'humanité, il serait de toute impossibilité à l'homme d'y arriver jamais. Pour qu'il puisse y parvenir, il faut nécessairement que la vérité soit, pour parler comme Proudhon, *immanente* à l'humanité. Or, c'est ce qui a lieu si la sensibilité est réellement immatérielle. Dans ce cas, tous les êtres sensibles possèdent en eux-mêmes la vérité première, et, par conséquent, peuvent atteindre à toutes les vérités qui s'en déduisent.

238. Dans le courant du chapitre Ier, nous avons vu, en parlant de la définition de l'*être*, que l'être immatériel est indivisible, par conséquent éternel, ce qui implique la conséquence que tous les êtres immatériels sont identiques.

Si donc il est démontré que la sensibilité est immatérielle, il s'ensuit que l'homme est composé d'une partie temporelle, l'organisme, unie à une partie éternelle, la sensibilité.

239. Partant de là, n'est-il pas évident que ce qui est déduit, par enchaînement d'identités, de l'existence de cette partie éternelle, est nécessairement la même chose pour tous les hommes, puisque toutes les sensibilités sont identiques? En autres termes, ce qui est démontré incontestable-

ment pour l'un, ne doit-il pas être admis également par tous les autres, puisque les sensibilités,
sources de toutes les vérités, sont identiques
chez tous?

Concluons donc de l'identité du point de départ
définitif chez tous, à l'identité, pour tous, des
conclusions des raisonnements incontestables.

240. L'essence du point de départ définitif ou
de la vérité première, qui est l'éternité, a encore
une autre conséquence méritant d'être signalée.
Toutes les vérités qu'il est possible d'en déduire
par un enchaînement d'identités, sont éternelles
en raison de leur provenance. Il n'y a que le
faux qui soit temporel, ou périssable; le vrai, ou
ce qui est exprimé par la conclusion d'un raisonnement incontestable, est éternel.

§ VI. De la raison impersonnelle.

241. Avant de passer à l'examen des sophismes
faits par inobservation des règles établies dans le
présent chapitre, nous dirons quelques mots sur
la raison impersonnelle.

D'abord, qu'est-ce qu'une *personne?* Que signi-
fient les expressions *personnel* et *impersonnel?*
Puis, qu'est-ce que la *raison?* Voilà des questions
à élucider préalablement.

242. Une *personne*, c'est un être qui se sent,
qui se connaît. C'est par conséquent, si la sensibilité est immatérielle, l'union d'un organisme
à cette sensibilité, union au moyen de laquelle
elle peut se connaître, se percevoir existant. Une

personne est donc toujours divisible ('), toujours temporelle, que la sensibilité soit matérielle ou qu'elle ne le soit pas. De plus, il n'y a pas deux êtres personnels qui soient identiques.

243. *Personnel* a plusieurs sens. Nous choisirons, dans ce qui va suivre, la signification de : appartenant à une personnalité, relatif à une personnalité.

244. *Impersonnel*, au contraire, c'est ce qui est indépendant de toute personnalité.

245. Enfin, quelle valeur attache-t-on généralement à cette expression, la *raison*?

On entend par là le résultat du raisonnement, l'ensemble des connaissances auxquelles on peut parvenir en raisonnant.

246. Mais il est nécessaire de préciser.

Dès l'abord, il faut distinguer deux cas qui peuvent se présenter, à savoir, si la sensibilité est matérielle, ou si elle est immatérielle.

247. Si la sensibilité est matérielle, elle est temporelle, et dépendante de l'organisation chez chaque personnalité, et alors, comme nous l'avons vu plus haut (173), il est impossible aux raisonneurs d'arriver, tant à des conclusions identiques, puisque les points de départ sont différents, qu'à des conclusions ou vérités éternelles, puisque les points de départ sont temporels.

Ainsi, dans le cas où la sensibilité serait ma-

(') Quand nous disons qu'une personne est divisible, cela ne signifie pas qu'elle peut donner naissance par la division a de nouveaux êtres ayant conscience d'eux-mêmes, mais bien qu'en sa qualité d'être composé, elle est toujours susceptible de se résoudre en ses éléments.

térielle, temporelle et personnelle, la raison
serait également, et en toute circonstance, matérielle, temporelle et personnelle.

248. Si, au contraire, la sensibilité est immatérielle, éternelle et absolue, ou indépendante
de toute personnalité, il en est tout autrement. Il
faut, dans cette hypothèse, subdiviser l'idée de
raison.

249. Si l'on considère, en effet, l'ensemble
des connaissances auxquelles est arrivé tel ou tel
raisonneur, en faisant abstraction de tout rapport à l'incontestabilité, on n'a là que le produit
d'une intelligence appartenant à une personnalité
déterminée.

Telle personne jugeant d'une manière, et telle
autre d'une manière différente, ces produits de
chaque raisonnement personnel sont généralement divers, et relatifs à la personnalité de
celui qui raisonne. Puis, les propositions qui
rentrent dans l'ensemble des connaissances
d'une personnalité étant, ou erronées, ou contestables, ce dont elles sont l'expression n'est
rien moins qu'éternel.

Par conséquent, le résultat d'un raisonnement
personnel constitue bien une raison *personnelle*
et *temporelle*.

250. Mais, si l'on a exclusivement égard à
l'ensemble des connaissances obtenues à l'aide
de raisonnements incontestables, c'est bien
différent.

La conclusion d'un raisonnement incontestable, est *toujours* incontestable, par conséquent, toujours identique à elle-même ou indé-

pendante de toute considération de temps et de lieux ; ce qu'elle exprime est donc éternel. Et d'où provient nécessairement toute conclusion incontestable ? De l'existence de la sensibilité démontrée immatérielle, c'est-à-dire, non pas de la personnalité, mais seulement de la partie de la personnalité identique chez tous les hommes.

Ainsi donc, les conclusions de raisonnements incontestables ne font partie de la raison, considérée en général, que dans ce qu'elle a de commun chez tous les êtres personnels, ce qui équivaut à dire que ces conclusions sont indépendantes de toute personnalité, quelle qu'elle soit. Cet ensemble de toutes les connaissances incontestables, de toutes les vérités, constitue donc bien la raison *impersonnelle* et *éternelle*.

Mais il ne faut jamais perdre de vue que la raison impersonnelle ne peut exister que si la sensibilité est immatérielle.

251. L'éternelle raison prend des noms différents, suivant le point de vue sous lequel on la considère.

Par exemple, si on la regarde comme prescrivant la règle des actions aux êtres qui jouissent de la liberté, c'est alors la *souveraineté réelle, impersonnelle* ou *rationnelle*. Et les êtres qui lui sont subordonnés se nomment ses *sujets*.

Quand la raison impersonnelle sanctionne l'observation de la règle qu'elle prescrit, elle est la *Justice éternelle*.

Quand elle est prise pour la règle elle-même elle constitue la *morale rationnelle*.

Quand enfin elle est considérée comme l'ensemble de toutes les connaissances incontestables auxquelles il est possible d'atteindre dans leur rapport avec les organisations de société, elle s'appelle la *science sociale*.

§ VII. DES SOPHISMES PAR INOBSERVATION DES RÈGLES DONT IL EST QUESTION DANS LE PRÉSENT CHAPITRE.

252. Pour terminer ce chapitre, nous dirons, comme nous l'avons fait dans les deux précédents, quelques mots des sophismes qui ont pour cause l'inobservation des préceptes logiques que nous avons indiqués.

Ces sophismes se réduisent tous aux deux suivants :

1° Ne pas faire, préalablement à tout raisonnement, l'hypothèse que l'homme est capable de raisonner réellement.

2° Ne pas prouver, préalablement à toute autre démonstration, que nous sommes capables de raisonner réellement.

253. Sauf erreur de notre part, nous pensons que, jusque dans ces derniers temps, aucun écrivain s'occupant de matières philosophiques n'a eu l'idée qu'il fût le moins du monde nécessaire de faire, avant toute discussion ultérieure, la supposition dont nous venons de parler.

254. Mais pour ce qui regarde le second point, il en est différemment. Plusieurs auteurs de mérite s'en sont occupés, et ont essayé de

prouver, soit la réalité du raisonnement, soit
l'immatérialité de la sensibilité, soit l'existence
de la liberté chez l'homme, ce qui est tout un;
ainsi que nous l'avons déjà vu plusieurs fois.
Mais tous n'ont fait que des sophismes, comme
nous l'allons montrer par quelques exemples
choisis.

255. Commençons par Descartes.

Descartes, voulant sortir du doute, prend
pour point de départ la pensée et en conclut
l'existence en ces termes : *Je pense, donc je suis.*

256. Mais que signifie ce raisonnement? Il
y a deux espèces de *penser*, suivant que l'être
qui pense est libre ou ne l'est pas. En ne disant
point s'il entendait parler du penser réel ou du
penser automatique, Descartes est donc resté dans
le vague. Et puis, qu'entend-il par *je suis?* Il
peut y avoir deux espèces d'êtres, l'être apparent,
et l'être réel, indivisible, éternel. En ne disant
point de laquelle des deux espèces il entendait parler, Descartes est encore resté dans le
vague.

En résumé, sa proposition tant vantée se réduit
à ceci : *Je pense,* ILLUSOIREMENT OU RÉELLEMENT,
donc je suis un être APPARENT OU RÉEL, ou
encore, en moins de mots : *Pour penser il faut
exister.* Personne ne niera que ce raisonnement,
d'une irréprochable justesse, ne soit en même
temps de la plus parfaite inutilité.

257. Dans son ouvrage sur le *Devoir*, M. Jules
Simon consacre tout le premier chapitre de la
première partie à une prétendue démonstration
de la liberté chez l'homme. Ce chapitre, qui

renferme à peu près 27 pages, ne présente, comme apparence de preuves, que les deux passages dont nous allons parler.

258. Après avoir délayé en quatre pages cette idée que l'homme se croit libre, chose dont personne, suivant nous, ne s'est jamais avisé de douter, il continue ainsi :

— « Si elle (la croyance à la liberté) est naturelle, constante, nécessaire, n'est-ce pas un signe *certain* qu'elle est juste ? »

— Nous ne pensons pas qu'il soit fort difficile de découvrir le vice de cette démonstration. Elle consiste tout simplement à conclure de la *croyance* à la liberté, à la *réalité* de la liberté.

259. Le second passage est le suivant :

— « ... Dans le moment même de ma résolution et lorsque je donne en quelque sorte le branle à mes facultés actives, que se passe-t-il dans ma conscience ? J'aperçois clairement ma résolution et je comprends qu'elle est la cause de mon acte ; mais en même temps que je l'aperçois, je m'aperçois moi-même comme force capable de la produire. J'ai un sentiment qui peut être plus ou moins juste, plus ou moins précis, mais qui ne me manque jamais complètement, de l'étendue de cette force qui me constitue ; je comprends clairement, je vois, je sens, par l'intuition intérieure ou sens intime, que cette force, qui produit cette résolution, pouvait ne pas la produire, ou en produire une toute différente, et qu'ainsi elle en est à la fois la cause et la raison dernière et suffisante. »

— Évidemment, il n'y a jusqu'ici, dans ce long passage, que des sentiments, des opinions, des croyances, de tout ce que l'on veut enfin, excepté une preuve.

— « Or, une cause qui pouvait, par sa propre vertu, produire autre chose que ce qu'elle produit, est précisément une cause libre. »

— C'est là tout simplement une définition ne pouvant servir à démontrer la liberté chez l'homme, que si l'on avait prouvé, préalablement, l'existence chez lui d'une cause *pouvant, par sa propre vertu, produire autre chose que ce qu'elle produit.* Or, c'est ce que M. Jules Simon n'a pas su faire. Il s'est borné à dire que chacun se croyait libre, *se sentait libre.* Aussi le *donc* qui va suivre n'a-t-il aucune raison d'être.

— « C'est donc là que j'aperçois ma liberté avec une évidence irrésistible.... etc., etc. »

— Le prétendu syllogisme de l'auteur du *Devoir*, dépouillé de tout artifice de style, se réduit à ceci :

« Il me *semble* que, ayant pris telle réso-
« lution, j'aurais pu ne pas la prendre, ou en
« prendre une toute différente.

« Or, une cause qui peut produire autre
« chose que ce qu'elle produit, est une cause
« libre.

« *Donc* je suis libre. »

C'est, comme nous avons déjà vu en critiquant le premier raisonnement de M. Jules Simon, une conclusion de l'apparence de la liberté, à la réalité de la liberté. C'est donc un sophisme.

280. Proudhon professe, on le sait, l'automatisme universel. Pour lui, l'homme est un pur mécanisme, un automate.

— « Tous tant que nous vivons, a-t-il dit, nous sommes, sans nous en apercevoir, et selon la mesure de nos facultés, et la spécialité de notre industrie, des *ressorts pen-*

sante, des *pignons pensants*, des *poids pensants*, etc., etc., d'une immense machine qui pense aussi, et qui va toute seule. »

— Mais cette profession de foi ne l'a nullement empêché de rechercher les conditions nécessaires à l'existence de la liberté. Il a voulu, lui aussi, fournir sa démonstration de la réalité de l'être qui pense, ainsi que de la liberté chez l'homme, et il n'a pas mieux raisonné que ses devanciers.

261. Proudhon s'est cependant trouvé, un instant, sur la bonne voie.

— « *Si l'homme était tout matière*, a-t-il écrit en effet, *il ne serait pas libre*. Ni l'attraction, ni aucune combinaison des différentes qualités des corps, ne suffit à constituer le libre arbitre; le sens commun suffit à le faire comprendre.

« *S'il était esprit pur, il ne serait pas plus libre.....* »

— Le premier enfant venu, capable de lier deux idées ensemble, aurait conclu immédiatement de ces prémisses que, pour pouvoir être libre, l'homme doit nécessairement être formé par l'union d'une immatérialité à une partie de matière. Mais un philosophe, évidemment, ne pouvait raisonner d'une manière aussi simple.

262. Nous allons voir comment Proudhon s'y est pris, en examinant la manière dont il résoud le problème de la réalité du moi. On sait que ce problème, ainsi que celui de l'immatérialité de la sensibilité, ne constitue au fond, avec ceux de la réalité du raisonnement et de la liberté, qu'une seule et même question.

— « Avant de chercher les lois de la pensée, dit Proudhon, l'on avait à s'assurer de la *réalité* de l'*être qui pense*, ainsi que de l'être qui est pensé, sans quoi l'on courait risque de. chercher les lois de rien. »

— La question est parfaitement posée. Proudhon veut savoir, avant d'aller plus loin, si l'être qui pense est réel ou apparent, immatériel ou matériel ; parce que, se sera-t-il dit, si cet être était purement matériel, il ne serait pas libre, il ne raisonnerait qu'en apparence, auquel cas l'homme ne serait qu'une roue pensante, un ressort pensant, etc., etc.

— « Le premier moment de cette grande polémique est donc celui où le *moi procède* à la reconnaissance de lui-même, se palpe pour ainsi dire, et cherche le point de départ de ses jugements. »

— Proudhon commence ici à s'égarer. De son aveu, si le *moi* est matériel, il n'est pas libre. Dans ce cas, impossible à ce *moi* de *procéder* autrement que machinalement, à la façon d'une roue ou d'un ressort. Il aurait donc fallu débuter par faire l'hypothèse que le *moi* est capable de procéder autrement que comme un automate, et cela, sous peine de n'arriver qu'à des conclusions sans aucune valeur rationnelle.

— « Qui suis-je, se demande-t-il (le *moi*) ?..... Suis-je assuré que je suis ? Voilà la première question à laquelle le sens commun avait à répondre. »

— Posée dans ces termes, la question est ridicule. Aucun *moi*, à moins de n'avoir pas de sens, ne doute qu'il existe, qu'il est un être. Mais quelle espèce d'être ? Le *moi* est-il apparent ou réel, matériel ou immatériel, divisible ou indivisible, temporel ou éternel ? Voilà une tout autre question, et la véritable question à résoudre. C'est seulement après qu'elle est résolue que l'on sait si le *moi* raisonne en apparence, comme un ressort pensant, ou bien en réalité.

Voyons maintenant la réponse du sens commun, d'après Proudhon, bien entendu.

— « Et c'est à quoi il a effectivement répondu par ce jugement tant admiré : *Je pense, donc je suis.* »

— Nous avons déjà examiné ce jugement et nous lui avons trouvé une valeur complètement nulle (256). Il se réduit à dire que pour penser il faut préalablement exister. Or, c'est ce dont il serait difficile de douter; mais cela ne prouve rien.

Proudhon, dans sa *Création de l'ordre*, est exactement du même avis. Mais, dans son *Système des contradictions*, dont nous avons extrait les passages que nous sommes en train d'examiner, il a adopté la formule de Descartes, en la simplifiant.

— « Je pense, cela suffit, dit-il en effet. »

— Cela suffit, c'est clair, quand on ne veut arriver à aucun résultat. Mais, lorsqu'on cherche à savoir si le *moi* est un être réel ou apparent, cela n'a aucune valeur.

263. Disons même, à cette occasion, que la formule de Descartes doit être retournée pour signifier quelque chose. Il faut dire : *Je suis, donc je pense.*

Alors, en distinguant les deux cas particuliers qui peuvent se présenter, on obtient les deux raisonnements suivants :

Je suis un être apparent, purement matériel,
donc, je ne suis pas libre. Je pense ou je
raisonne mécaniquement, automatiquement,
comme une roue ou un ressort. Ma pensée est
tout simplement, pour parler comme Proudhon,
une modification de la matière, une réflexion de
la nature.

Ou bien :

Je suis un être réel, immatériel, donc je suis
libre. Je pense ou raisonne réellement.

204. Mais revenons à Proudhon.

— « Je n'ai que faire d'en savoir davantage, continue
notre auteur, pour être certain de mon existence. .. Le *moi*,
tel est le point de départ du sens commun et sa réponse à la
première question de philosophie. »

— A la question : qu'est-ce que le *moi*, le
sens commun répond donc : c'est le *moi*. Nous
voilà bien avancés.

— « Ainsi, conclut Proudhon, le sens commun, ou plutôt
la nature *inconnue*, *impénétrable*, qui pense et qui parle, le
moi, enfin, n: *se prouve pas, il se pose.*»

— Ainsi, pour conclure en même temps,
Proudhon, qui prend son horizon pour les bornes
du monde, appelle impénétrable ce qu'il se reconn-
naît impuissamment à pénétrer, et prend pour
point de départ de ses raisonnements quelque
chose qu'il confesse être dans l'incapacité de
connaître (*).

_____

(*) Voyez *Qu'est-ce que la guerre et la paix ?* p. 23 et
suivantes.

On avouera qu'une pareille méthode est peu faite pour fournir les moyens d'arriver à un résultat.

265. Nous aurions pu présenter d'autres exemples encore de solutions du problème de la certitude. Nous pensons que ceux que nous venons d'exposer suffisent pour donner une idée de la marche qui a été suivie jusqu'à ces derniers temps.

DU MÊME AUTEUR :

Qu'est-ce que la guerre et la paix, examen de l'ouvrage de P. J. Proudhon sur *La guerre et la paix.*

De la propriété intellectuelle, et de la distinction
entre les choses vénales et non vénales, examen des
Majorats littéraires de P. J. Proudhon.

La connaissance de la vérité, appendice à la logique.
(Sous presse.)

De l'instruction obligatoire, comme remède aux maux
sociaux, mémoire soumis à l'examen de l'Académie
royale de Belgique; avec les rapports de MM. E. Duc-
pétiaux et Paul Devaux, et leur réfutation. (Sous
presse.)

www.ingramcontent.com/pod-product-compliance
Lightning Source LLC
Chambersburg PA
CBHW060620100426

42744CB00008B/1442